L'efficacité sans stress

Groupe Eyrolles
61, bd Saint-Germain
75240 Paris cedex 05

www.editions-eyrolles.com

Cet ouvrage a fait l'objet d'un reconditionnement à
l'occasion de son troisième tirage (nouvelle couverture).
Le texte reste inchangé par rapport au tirage précédent.

Marie-Claude NIVOIX – Philippe LEBRETON

L'efficacité sans stress

Troisième tirage 2014

EYROLLES

Remerciements

Merci

À nos parents qui nous ont donné la vie.

À nos enfants Nathalie, Olivier et Éric qui chaque jour nous font grandir et nous apportent tellement de joie...

À nos formateurs, Jean-Marie Pinlou, Françoise Cavé, Dominique Laugero, Victoire Darley, Robert Dilts, Anné Linden, Jacques Antoine Malarewicz qui nous ont guidés dans notre croissance personnelle.

À Christie qui nous a activement permis de concrétiser notre projet d'écriture.

À nos relectrices, Francine, Maryse, Martine pour leur relecture attentive et leurs apports pertinents.

À Edgard Hamalian, PDG du CSP, pour sa confiance durant toutes ces années.

À tous nos participants et aux personnes avec qui nous avons travaillé, pour leur confiance et aussi leurs questions qui ont fait mûrir notre réflexion et notre pratique.

« Traitez un homme pour ce qu'il est et il restera ce qu'il est.

Traitez un homme pour ce qu'il peut être et il deviendra ce qu'il peut et devrait être. »

Goethe

Sommaire

Introduction

« Travailler nuit gravement à la santé », nous interpellait, récemment le mensuel *Enjeux Les Échos*. Les chiffres sont éloquents :

◗ Plus d'une personne sur deux travaille à un niveau de stress élevé ;

◗ Les troubles musculo-squelettiques représentent 60 % de l'ensemble des maladies professionnelles ;

◗ Trois cadres sur quatre se plaignent de troubles du sommeil.

Ces chiffres[1] nous montrent que la pression et l'accélération croissante du travail font souffrir nos organismes. Mais c'est surtout le rapport entre la charge de travail et le temps pour l'exécuter qui apparaît comme le principal facteur du stress contemporain.

Et dans le même temps, les entreprises recherchent des personnes de plus en plus performantes ! Alors, comment être performant si le corps ne suit pas ? À quoi bon atteindre nos objectifs professionnels, si le prix à payer est un stress qui nous détruit « corps et âme » ? Comment motiver les autres si on n'est pas, soi-même, motivé et en forme, et si on ne sait pas se manager ?

D'où vient ce livre ?

Cet ouvrage est la synthèse des formations que nous animons depuis 15 ans, intitulées : « Mieux gérer son temps », « Du stress à l'énergie positive »®, « Développer votre intelligence émotionnelle », « Programmation neuro-linguistique », « Développer son efficacité »... Ces stages sont destinés à des managers, chefs de projets, commerciaux en entreprise et à des soignants dans le cadre hospitalier.

---

1. Voir par exemple *Enjeux - Les Echos*, novembre 2004 ; *Revue Santé et Travail* n° 53, 4ᵉ trimestre 2005 ; *Le stress des cadres*, B. Salengro, L'Harmattan, 2005 ; *Les désordres du travail*, P. Asrenay, Le Seuil, 2004.

Une formation laisse de nombreuses traces dans l'esprit et, nous l'espérons, dans les pratiques des participants. Quant à nous, les formateurs-consultants, nous avons nos notes, nos lectures, les améliorations que certains participants nous amènent à apporter et l'expérience de nos missions conseils.

L'efficacité sans stress : mission possible !

Notre intention est de vous présenter une approche intégrée de l'efficacité et du mieux-être, en tenant compte notamment de la synergie corps/cœur/mental.

Le lecteur auquel nous avons pensé est le participant « type » des stages que nous animons : l'homme ou la femme dans l'entreprise, qui cherche à améliorer sa performance individuelle.

Nous avons donc choisi d'aborder trois thèmes qui nous paraissent fondamentaux, et que nous avons déclinés en trois parties :

▶ La première partie, « Réussir vos objectifs », donne une méthodologie pas à pas, qui vous permettra de définir vos objectifs et de les atteindre. Nous l'avons placée en tout début du livre, car si l'efficacité est l'atteinte d'un objectif... encore faut-il le formuler de manière réaliste.

▶ La deuxième partie, « Corps, cœur, mental : mobiliser ses ressources » appréhende l'homme dans ses trois dimensions. L'objectif de cette partie est de vous proposer des clés pour tirer le meilleur parti de qui vous êtes, pour atteindre vos objectifs au moindre coût, et passer du stress à la performance.

▶ La troisième partie, « Faire du temps votre allié », traite du temps, l'autre grand moyen à notre disposition pour atteindre notre objectif. Comment programmer nos journées pour donner, le plus possible, la priorité à nos priorités ?

Un livre écrit à quatre mains

Nous nous sommes mis à deux pour écrire ce livre, car chacun nous avions des compétences et des expériences qui se complétaient :

▶ Marie-Claude a l'expérience du milieu hospitalier, elle accompagne les médecins et les personnels soignants qui souhaitent mieux gérer leur stress et développer leurs compétences relationnelles. Elle anime aussi de nombreuses formations interentreprises sur le développement personnel et la communication ;

▶ Philippe est spécialisé dans le coaching individuel et collectif de managers et de cadres d'entreprise. Il conçoit et anime de nombreux séminaires de management et de développement personnel, accompagne les équipes dans la conduite du changement ;

Christie Vanbremeersch nous a accompagnés dans notre projet. Elle a déjà écrit ou co-écrit une dizaine de livres, dont plusieurs ouvrages de management : elle nous a apporté son talent de conteuse et son exigence stylistique.

Comment utiliser ce livre ?

Pour nous adresser à toutes les formes d'intelligences de nos lecteurs, nous avons conçu plusieurs niveaux de lecture :

▶ Des histoires d'hommes et de femmes en entreprise, mis en situation et illustrant le propos du paragraphe ;

▶ Un niveau théorique, qui expose les fondements, ainsi que les tenants et aboutissants du conseil que nous vous proposons de tester ;

▶ Par le biais d'encadrés et d'extraits, une ouverture sur d'autres disciplines (littérature, philosophie, médecine) et d'autres pays (Japon, États-Unis) ;

▶ Un retour sur vos propres pratiques, initié par la question : « Et vous ? » ;

▶ Des conseils pratiques, qui expliquent : « Voilà concrètement comment vous pouvez vous y prendre » et vous donnent la méthodologie pas à pas ;

▶ Un appel à l'action, initié par l'exhortation : « À vous de jouer. » Car notre livre est résolument écrit pour l'action : au-delà de la théorie et des cas réels, chaque paragraphe porte une invitation à agir tout de suite.

▶ Enfin, chaque partie se termine avec une synthèse des points importants. Ils sont conçus comme un aide-mémoire parmi lequel vous ferez votre marché (« Celui-ci me parle, je fais ; celui-ci, je ne le ferai pas pour le moment... »).

Comment lire ce livre ?

« Ne pas avoir de méthode est mauvais, rester dans la méthode est pire encore. »

Lao Tseu

Ce livre outil, à vous de l'exploiter de la manière qui vous sera le plus utile : le lire d'une traite, ou par petits morceaux, ou encore rechercher dans le sommaire le sujet qui vous intéresse... Nous vous recommandons de vous équiper d'un cahier et d'un stylo pour noter, noter, noter tout ce que votre lecture vous inspire... et répondre aux questions : « Et vous ? »

Quant à l'application des conseils pratiques, parmi les idées que vous découvrirez au fil de ces pages, toutes ne sont pas applicables à la fois... Sinon, vous risquez de vous décourager devant l'ampleur de la tâche ! Adoptez une idée, testez-la, appropriez-vous-la et alors seulement passez à la suivante.

Nous vous souhaitons une bonne lecture et une mise en pratique immédiate !

« Les idées ne sont pas faites pour être pensées mais pour être vécues. »

André Malraux

Partie 1

Réussissez vos objectifs

« Avant d'être totalement engagé, l'hésitation nous tenaille, il reste une chance de se soustraire à l'initiative. Toujours la même impuissance devant la création.

Il existe une vérité première dont l'ignorance a déjà détruit d'innombrables idées et de superbes projets : au moment où l'on s'engage totalement, la providence éclaire notre chemin. Une quantité d'éléments sur lesquels l'on ne pourrait jamais compter par ailleurs contribue à aider l'individu. La décision engendre un torrent d'événements et l'individu peut alors bénéficier d'un nombre de faits imprévisibles, de rencontres et du soutien matériel que nul n'oserait jamais espérer.

Quelle que soit la chose que vous pouvez faire ou que vous rêvez de faire, faites-la.

L'audace a du génie, de la puissance et de la magie.

Commencez dès maintenant. »

Goethe

En arrivant au bureau, Isabelle pose pesamment son sac sur une chaise et va rejoindre sa collègue Nicole. Pendant dix minutes, elle égrène ses problèmes, son petit dernier qui ne mange rien à la cantine, son mari au chômage, ses difficultés avec les gens des achats, ses disputes avec son patron... Nicole l'écoute patiemment, puis soudain lui demande : « Et finalement, concernant tout ce que tu viens de me dire, quel est ton objectif ? Qu'est-ce que tu veux ? » Isabelle s'arrête net, déconcertée ; soudain elle cesse de se plaindre et commence à chercher des solutions aux problèmes qui la minent. La question de Nicole l'a ramenée vers l'action. Isabelle ne se pose plus en victime : elle se fixe des objectifs pour améliorer sa situation.

« Objectif » : mot-valise que tout le monde utilise dans les entreprises... sans que nous soyons sûrs que la définition soit la même pour tous (ou plutôt, nous sommes sûrs qu'elle ne l'est pas). Commençons par celle de Robert Dilts, l'un des grands théoriciens de la PNL :

« Un objectif, c'est un rêve avec un délai. »

La fixation des objectifs est l'un des exercices les plus difficiles dans les entreprises car ils sont souvent peu quantifiés. Évidemment, si vous êtes commercial... les objectifs porteront essentiellement sur des éléments mesurables, tels que les ventes ou le nombre de clients conquis. Pour d'autres métiers les objectifs peuvent ressembler à des déclarations d'intention ; ce qui n'aide pas à leur réalisation. D'autant plus que le management par objectifs, issu du monde anglo-saxon, n'est pas ancré dans notre culture latine.

À quoi servent ces objectifs ? Peter Drucker, l'inventeur du management par objectifs, explique l'origine de sa théorie par cette anecdote : son institutrice lui a dit un jour : « Dans ton cahier de texte, écris à la page de lundi ce que tu dois apprendre cette semaine ; samedi prochain, vérifie si tu l'as fait ! » Une définition très simple et on ne peut plus claire : l'objectif est un résultat attendu, une projection sur le futur de ce que l'on souhaite réaliser.

Il y a trois grandes fonctions :

▶ C'est la **cible**, l'étoile du Nord qui indique la direction, là où je veux aller ;

▶ Il **mobilise notre énergie** : pour atteindre la cible, il est nécessaire de concentrer toute son attention et son énergie dans cette direction ;

▶ Il sert également d'**instrument de mesure** *a posteriori*. Pour être efficace et performant, il s'agit de contrôler si les résultats atteints sont conformes aux objectifs fixés, et d'analyser si besoin les écarts.

Beau programme, n'est-ce pas ? Et pourtant, de tous les objectifs que nous nous fixons, quel pourcentage en réussissons-nous ?

Les raisons de ne pas aller jusqu'au bout de ce que nous nous proposons ne manquent pas :

▶ L'objectif n'est pas si important que ça (manque d'implication) ;

▶ Nous partons dans tous les sens (manque de coordination) ;

▶ Nous ne passons jamais à l'action (manque d'énergie) ;

▶ Un autre objectif nous distrait du premier (manque de persévérance) ;

▶ Nous nous heurtons à des obstacles imprévus, qui nous découragent (manque de détermination...).

En plus de toutes ces difficultés « naturelles », nous manquons aussi de méthode !

Les échecs finissent par provoquer une grande frustration et une perte de confiance en soi : « Suis-je incapable de réussir ce que j'ai décidé de faire ? » Nous avons le sentiment que notre vie nous échappe.

Un livre ne peut pas pallier nos carences (quoiqu'en les pointant, parfois il aide à les corriger) ; en revanche, l'objectif de cette partie est de fournir une méthodologie à l'efficacité prouvée, basée sur la programmation neuro-linguistique (plus connue sous le nom de PNL).

**Ce chapitre se donne comme objectif... qu'après l'avoir lu,
vous sachiez vous programmer pour avoir toutes les chances
de réussir vos objectifs.**

© Groupe Eyrolles

La PNL appliquée aux objectifs

Que signifient au juste les trois lettres PNL ?

Programmation : nous créons au fil des jours des automatismes et des habitudes qui nous servent dans notre façon de réagir, de réfléchir et d'interagir avec notre environnement. Ainsi, nous nous programmons pour réagir de telle ou telle manière, dans telle ou telle situation.

Neuro : l'ensemble de ces programmes est inscrit dans notre cerveau, qui capte, transmet et traite les informations qu'il reçoit.

Linguistique : la communication englobe les comportements (langage non verbal) et le langage verbal que nous utilisons pour retransmettre les informations reçues.

Lancée dans les années soixante-dix aux États-Unis, la PNL a pour fondateurs Richard Bandler et John Grinder. Ils ont élaboré cette méthode à partir de la question : « Qu'est-ce qui fait que les gens réussissent ? » et ont analysé les interventions de professionnels de la communication particulièrement performants. Ils ont observé un certain nombre d'invariants, dont la capacité à se projeter dans le résultat souhaité. Ces « communicateurs efficaces » se programmaient véritablement pour réussir !

De ces observations est né le principe de la modélisation d'un savoir-faire et d'un savoir-être ; Bandler et Grinder ont élaboré un certain nombre d'outils très tournés vers l'action : comment faire pour... La PNL, dans sa philosophie, est une démarche d'objectifs, elle s'intéresse aux modes d'emploi de la réussite. À l'inverse d'autres approches, on ne se penche pas sur le passé mais on est au contraire centré sur le futur : « **Comment je me vois en train de réussir mon objectif ?** »

Réussir plus fréquemment et consciemment les objectifs que nous nous fixons est la première pierre pour atteindre plus de performance avec moins de stress.

Pour ce faire, nous travaillerons en trois étapes :

▶ Définir où vous voulez aller ;

▶ Formuler efficacement vos objectifs ;

▶ Se mettre en route vers l'objectif.

Dans un premier temps, vous trouverez peut-être cette méthode contraignante et vous ne l'appliquerez qu'à des objectifs importants. Mais dès que vous l'aurez utilisée plusieurs fois, elle vous deviendra naturelle et vous l'appliquerez sans vous en rendre compte.

Avant de commencer, regardez-vous dans votre manière de réaliser vos objectifs

Nous avons tous une manière intuitive d'entreprendre ce que nous nous proposons de faire ; puis nous le menons à bien, ou nous arrêtons en chemin. Avant de prendre connaissance de notre méthode, et peut-être pour vous l'approprier, c'est une bonne idée de faire le point sur la vôtre.

Prenez un papier et un crayon, et écrivez :

▶ Un ou deux objectifs non atteints, pour lesquels vous avez du mal à vous mettre en route ou à poursuivre :
  – L'enjeu est-il important pour vous ?
  – À votre avis, qu'est-ce qui fait que cet objectif n'est pas atteint ?
  – Quels moyens vous êtes-vous donnés ?

▶ Maintenant, citez un ou deux objectifs que vous avez réussis et qui vous tenaient à cœur :
  – Comment avez-vous fait pour réussir ?
  – L'enjeu est-il important pour vous
  – Quels moyens vous êtes-vous donnés ?

▶ Puis, laissez cet exercice et reprenez-le après avoir découvert les cinq conditions pour réussir un objectif.

Pour les objectifs non atteints, quelles sont les conditions non remplies ? Pour les objectifs atteints, quelles sont les conditions remplies ?

Chapitre 1

Où voulez-vous aller ?

« Il n'y a pas de vent favorable pour celui qui ne sait pas où aller. »

Sénèque

« Si tu ne sais pas ce que tu veux, il y aura toujours quelqu'un pour le savoir à ta place. »

Patrick Bord, consultant international

Vous êtes en voiture sur une route de montage ; c'est l'hiver, il y a de la neige et du verglas. Soudain votre voiture dérape. Quel est votre premier réflexe ? En toute honnêteté, nous serions nombreux à répondre : « Je contre-braque… Je freine… Je pousse un cri… Je lâche tout… J'accélère… » Avec les résultats que l'on imagine si cette scène se produisait « pour de vrai ».

Si on réfléchit à froid, on arrive plus facilement à une option juste : la première chose à faire serait de regarder là où on veut aller. Cela paraît évident, mais à chaud, et lorsque nous posons la question lors de nos séminaires, seulement une personne sur dix a le bon réflexe !

Une fois que l'on a décidé où on veut aller – retrouver la route, ou un bas-côté sécurisé - il s'agit alors de maîtriser des techniques : braquage, contre-braquage… En revanche, si l'on regarde le ravin, notre voiture a de fortes chances de s'y précipiter (avec nous dedans).

Regardez là où vous voulez aller.

Cette règle est valable pour de nombreux sports : saut à cheval, golf, rallye automobile ! Pour en revenir au domaine de l'efficacité professionnelle…

Prenons le cas de Marc, 30 ans, commercial dans un grand groupe informatique. Lorsqu'on lui demande si son travail lui plaît, les pensées qui le traversent sont : « Le secteur est en crise... Je suis fatigué par les déplacements... La pression permanente me mine... Mes interlocuteurs ne sont pas toujours passionnants... » Mais il évite de s'arrêter sur ses difficultés. Au lieu de se focaliser sur ce qui lui déplaît, il se projette dans l'avenir : il se voit encore un ou deux ans au poste actuel pour consolider ses compétences ; et après, il souhaite prendre une fonction de manager d'une équipe commerciale ; dans cinq ans, il aimerait évoluer vers la direction d'une business unit.

Mettre en perspective le « pourquoi je fais tout ça », savoir dans quelle chaîne d'objectifs une situation s'inscrit permet de mieux vivre le quotidien.

> *« Les choses sur lesquelles vous concentrez toute votre attention finissent par se matérialiser. »*

Anthony Robbins

Et vous, sur quoi concentrez-vous votre attention en ce moment ?

Inventez un futur qui vous ressemble

Voici un exercice qui nous semble très puissant, destiné à vous aider à trouver la direction que vous voulez prendre.

Réservez une plage horaire dans votre emploi du temps et installez-vous dans un endroit confortable, où vous vous sentez en sécurité et à l'aise : par exemple, dans votre salon un jour où il n'y a personne chez vous, ou dans un café où vous avez vos habitudes...

Ce temps pris avec vous-même va vous servir à dresser la carte de ce que vous voulez accomplir : vous allez décider là où vous voulez aller, ce que vous voulez obtenir, créer, réaliser, sur quelles routes vous voulez voyager.

La démarche est structurée en 6 étapes :

▶ **1re étape : rêvez**

> *« La meilleure façon de prédire l'avenir, c'est de le créer. »*

Peter Drucker

Vous êtes donc installé confortablement, non sans vous être préalablement muni d'un crayon et d'un papier… Paré à rêver. Détendez-vous et laissez fonctionner votre imagination.

Vous allez dresser une liste des 50 choses que vous désirez au cours des 20 prochaines années : choses à faire, à voir, à être, à savoir, à accomplir, à partager, à devenir, à créer. Visualisez le genre de personne que vous voulez devenir, les gens auprès de qui vous voulez vivre, les sentiments que vous voulez éprouver, les endroits où vous voulez être.

Laissez votre esprit vagabonder sans limites, projetez vos rêves sur grand écran technicolor. Pour une fois, laissez de côté vos peurs : que feriez-vous si, justement, vous étiez *sûr* de ne pas échouer ? Puis notez, faites la liste de tous ces rêves sur une feuille de papier.

▶ **2e étape : équilibrez**

Maintenant que vous avez pris conscience de ce que vous voulez, vérifiez si vos aspirations appartiennent à l'un des quatre domaines clés de votre vie : personnel, familial, relations sociales et amicales, travail. Vérifiez que ces quatre domaines s'équilibrent ; si ce n'est pas le cas, si par exemple vous avez privilégié le professionnel par rapport à l'amitié, ajoutez des objectifs dans les domaines les moins bien pourvus. Sur le long terme, les quatre trépieds de votre vie doivent être en équilibre harmonieux.

Suivant les époques de votre vie, il y a peut-être des domaines qui vont prendre plus d'importance que d'autres (par exemple, un jeune qui débute va privilégier sa vie professionnelle, jusqu'à l'arrivée des enfants) ; mais dans le long terme, l'équilibre est important : tout ce que vous aurez délaissé se rappelle à vous, et souvent de manière douloureuse.

▶ **3e étape : planifiez**

« Tu peux tout réussir, mais pas tout en même temps. »

Patrick Bord

Vous avez dressé, puis catégorisé la liste des choses que vous voulez obtenir au cours des 20 prochaines années. Bien sûr, vous ne pouvez pas réaliser tous vos rêves en une année (et heureusement !). Il vous faut à présent organiser, planifier, hiérarchiser.

Reprenez vos rêves un à un et posez-vous la question : « À quelle date puis-je raisonnablement réaliser ce rêve ? » ; puis classez-les :

– Dans la catégorie 1, les rêves réalisables d'ici 1 an ;
– Dans la catégorie 3, les rêves réalisables d'ici 3 ans ;
– Dans la catégorie 5, les rêves réalisables d'ici 5 ans ;

– Dans la catégorie 10, les rêves réalisables d'ici 10 ans ;

– Dans la catégorie 15, les rêves réalisables d'ici 15 ans.

Comme pour les domaines de votre vie, vérifiez bien que ces cinq échéances s'équilibrent ; si ce n'est pas le cas, ajoutez des rêves dans les périodes moins pourvues.

Planifier la réalisation de nos rêves à court terme affirme notre capacité à prendre des décisions et à obtenir des résultats visibles et immédiats. Les rêves à moyen terme confirment notre capacité à entretenir la réussite, et les rêves à long terme notre capacité d'imagination et de projection.

4ᵉ étape : testez la cohérence

Vous avez dressé la cartographie de vos rêves, là où vous désirez profondément vous rendre. Mais avant de vous mettre en route, demandez-vous si chacun de ces rêves est si important pour vous. Est-ce vraiment cela que vous voulez ? Ou bien sont-ce des rêves dictés par votre famille, l'air du temps, « ce qui se fait » ? Les rêves pour lesquels vous hésitez, remplacez-les.

Autre question : vos rêves sont-ils compatibles entre eux ? Être banquier d'affaires et mère de famille nombreuse, c'est possible mais peut-être pas en même temps ; ou au prix d'une organisation sans faille, saurez-vous la mettre en place ? Peut-être la réalisation de certains rêves que vous auriez aimé planifier à trois ans doit-elle être retardée.

Enfin, se pose la question de la cohésion de vos rêves avec vos valeurs. Une valeur répond à la question : « Qu'est-ce qui compte vraiment pour moi dans cette expérience ? » C'est ce à quoi j'accorde le plus de prix. Les valeurs conditionnent nos choix, nos décisions, notre façon de nous comporter, d'agir.

Pour faire le point sur vos valeurs…

1. Déterminez à l'aide de cette liste les 10 valeurs les plus importantes pour vous. Si besoin, ajoutez à cette liste vos propres valeurs.

Honnêteté	Politesse	Ouverture	Harmonie
Respect	Famille	Contacts	Obéissance
Amitié	Humour	Savoir	Espoir
Sécurité	Amour	Santé	Ponctualité
Tolérance	Fermeté	Discipline	Bien-être
Patience	Ordre	Confiance	Richesse

Liberté	Précision	Joie	Compréhension
Loyauté	Humilité	Fierté	Perfection
Paix	Créativité	Imagination	Logique
Efficacité	Assiduité	Performance	Épanouissement
Fidélité	Générosité	Conscience professionnelle	Continuité
Justice	Argent	Plaisir	Dépassement de soi
Pouvoir	Motivation	Changement	Aventure
Démocratie	Accomplissement	Intégrité	Reconnaissance
Crédibilité	Excellence	Autorité	Responsabilité
Aider les autres	Compétence	Statut	Vérité

2. Parmi ces 10 valeurs, choisissez les cinq les plus importantes pour vous.

3. Reprenez chacun de vos objectifs et, au regard de ces cinq valeurs, reposez-vous la question : « Est-ce que je veux vraiment cela ? Est-ce vraiment à cela que j'accorde le plus de prix ? »

Si besoin, reformulez vos objectifs pour les rendre compatibles avec vos valeurs. Vivre et travailler selon ses valeurs donne du sens, aide à reconnaître l'essentiel, développe la motivation personnelle.

5e étape : allez-y !

Gardez cette liste avec vous et vérifiez régulièrement où vous en êtes. Reformulez-la et mettez-la souvent à jour : certains rêves s'accrochent et méritent d'être réalisés, d'autres sont volatils et ne vous tiendront plus à cœur dans deux mois !

6e étape : célébrez

À chaque fois que vous avez réalisé un de vos rêves, faites la fête… La reconnaissance, que l'on attend généralement des autres, doit d'abord venir de soi. Faites-vous un cadeau : un CD, un livre, allez boire un pot avec des amis, dégustez votre gâteau préféré.

© Groupe Eyrolles

Cela peut vous paraître « positive attitude », voire enfantin, de vous auto-congratuler. Arrêtons de bouder notre plaisir ! La récompense concrétise la réussite Elle donne confiance pour la suite, et permet d'atténuer le sentiment de vacuité que l'on ressent souvent à la fin d'un projet.

Lorsque vous vous récompensez, enfin vous êtes dans l'instant présent. Pour le moment, vous n'avez plus rien à prouver. Savourez ce repos du guerrier.

Avant d'aller plus loin

Voilà une première étape pour prendre conscience de ce que vous voulez vraiment. Vous venez d'établir la carte de vos rêves. Maintenant, nous allons transformer ces rêves en objectifs réalisables.

Chapitre 2

Comment formuler vos objectifs pour les réussir ?

« Il faut visualiser son rêve sous forme de film intérieur »

Robert Dilts

Vous avez dressé la liste de vos rêves… Un objectif, c'est un rêve qui prend corps, qui s'inscrit dans la réalité. Nous ne pouvons pas réaliser tous nos rêves, mais comment matérialiser les plus importants ? Comment transformer ceux qui nous tiennent le plus à cœur en objectifs réalisables ?

Nous allons voir maintenant comment formuler un objectif pour le réussir. Car la formulation est un outil précieux. Mettre un objectif en mots, cela peut avoir l'air d'une formalité… et c'est la première étape quand on veut se programmer à réussir. Formuler, c'est programmer son cerveau pour l'action. Si on ne formule pas précisément ce que l'on veut, l'objectif reste flou… et sa réalisation incertaine.

La principale difficulté est de se poser les bonnes questions et de passer suffisamment de temps à définir ce que l'on veut.

La formulation des objectifs obéit à cinq règles d'or que nous allons décliner ensemble :

1. Il est affirmatif ;

2. Il s'inscrit dans un contexte ;

3. Il est sous mon contrôle ;

4. Il est mesurable ;

5. Il est écologique.

Ces cinq critères vont agir comme autant de « tamis » avec votre objectif. Après être passé par ces cinq tamis, votre objectif aura pris une forme nouvelle : il sera plus précis, plus concret, plus opérationnel, plus réalisable.

Soyez affirmatif

Pierre, manager d'une équipe d'entretien des machines dans une usine, s'énerve pour un rien. Ses collaborateurs craignent de subir ses foudres pour un oui ou pour un non… ils l'évitent, prennent très peu d'initiatives, ce qui énerve Pierre au plus haut point. Pourtant, il se rend bien compte que sa colère ne fait de bien à personne, et il s'est fixé comme objectif pour le mois prochain : « Je ne veux plus m'énerver. »

Pierre sait ce qu'il ne veut plus. Mais ce que son cerveau a besoin de savoir, c'est ce qu'il veut vraiment !

Très souvent, nous savons ce que nous ne voulons pas, ou plus. Nous le savons parce qu'on nous le reproche, parce que nous souffrons de la situation… Mais nous ne savons pas toujours ce que nous voulons à la place.

La négation existe dans le langage mais le cerveau, lui, fonctionne avec des images.

Comment peut-il se représenter quelque chose qui n'existe pas ? Ne plus fumer… c'est quoi ? Ne plus s'énerver… c'est quoi ? Essayez donc de vous faire une image de « je ne veux plus m'énerver »… Pas facile, hein ! Peut-être avez-vous une photo de vous en colère, avec une grande croix de dessus ?

Autre exemple, répétez à voix haute « je ne veux plus bafouiller » dix fois de suite. Le mot clé que vous avez retenu n'est-il pas… bafouiller, justement ? Les « n'ayez pas peur », « pas de problème », « ne vous inquiétez pas » ont souvent l'effet inverse de celui désiré : sans le vouloir, on induit qu'il y aura un problème, et on introduit un sentiment d'inquiétude.

Attention également aux verbes *arrêter, cesser, perdre, éviter*… Car ce sont des négations déguisées qui ont les mêmes effets que « ne pas » !

Savoir ce que vous ne voulez pas est le premier pas nécessaire ; et vous vous donnerez toutes les chances de réussir votre objectif lorsque vous aurez défini ce que vous voulez à la place.

Il convient de formuler son objectif avec une forme affirmative, de manière à ce que le cerveau puisse s'en faire une représentation.

C'est comme si vous vous dessiniez en train de réussir votre objectif. Par exemple, plutôt que de vous dire : « Je ne veux plus arriver en retard au bureau », préférez la formulation : « Je veux arriver tous les jours de la semaine prochaine entre 9 heures et 9 h 15. » Remarquez que vous vous visualisez en train de marcher dans la rue, vous vous projetez dans l'atmosphère de l'arrivée au bureau, la lumière particulière à 9 heures du matin. N'est-ce pas agréable ?

Formulez votre objectif

Et pour en revenir à Pierre, nous pouvons l'aider à formuler son objectif de façon affirmative en lui posant l'une de ces questions :

- Quand vous n'êtes plus énervé, vous êtes comment ?
- À la place d'être énervé, vous voulez quoi ?
- Qu'obtiendrez-vous de plus quand vous aurez cessé de vous mettre en colère un peu trop souvent ?
- Comment vous sentez-vous lorsque vous n'êtes pas énervé ?

Le cerveau de Pierre ne devrait pas avoir trop de mal à trouver les réponses ; et Pierre pourra se visualiser dans l'attitude qu'il souhaite avoir. Par exemple : « Eh bien je souhaite rester calme et écouter ce que mon interlocuteur me dit jusqu'au bout sans l'interrompre ! »

Et vous ?

Parmi les 50 rêves que vous avez notés pendant votre séance de « collecte de rêves », choisissez-en deux qui vous tiennent particulièrement à cœur (quelle que soit l'échéance) et que vous « malaxerez » tout au long de ce chapitre.

Exprimez-les à votre manière. Puis demandez-vous : « Qu'est-ce que je veux ? Puis-je me faire une image de cet objectif ? Est-ce que je me vois en train de réussir mon objectif ? Et est-ce que cela me fait plaisir ? »

Si vous avez une formulation négative, posez-vous la question : « Qu'est-ce que je veux à la place ? »

Précisez votre objectif

« J'ai six amis, ils m'ont appris tout ce que je sais, ils s'appellent Qui, Quoi, Où, Quand, Comment et Pourquoi. »

Rudyard Kipling

Dans un groupe de cosmétiques, Jennifer vient d'être nommée manager d'une équipe chargée de la conception d'une crème amincissante. Mais elle est d'un naturel timide et lorsqu'elle prend la parole, elle bafouille, perd ses moyens... Son objectif : mieux communiquer.

L'objectif de Jennifer est formulé sous forme affirmative... mais il est si large et peu concret qu'elle a du mal à le visualiser. Cherchez à vous faire une image de « mieux communiquer » ! Concrètement, pour elle, que veut dire « mieux communiquer ? » Jennifer veut-elle améliorer sa communication avec tout le monde, dans toutes les circonstances, sur tous les sujets ?

Souvent, le défaut des objectifs que nous nous fixons, c'est qu'ils sont trop larges. Sommes-nous trop ambitieux ou trop paresseux ?

Préciser, cela demande une certaine exigence intellectuelle ; et encore une fois, si vous posez respectueusement les questions à votre cerveau, il saura vous répondre. Voilà quelques questions qui peuvent vous aider à affiner votre objectif :

Précisez votre objectif

Dans le cas de Jennifer qui souhaite mieux communiquer, elle peut se demander :

– Avec qui ?

– Pour dire quoi ?

– Quel est le lieu de l'échange ?

– Quel est le moment de l'échange ?

– Quel ton vais-je employer ?

– Quelle est ma posture pour communiquer ? Etc.

Répondre à ces questions, une fois encore, permet de visualiser l'objectif et de le rendre réalisable.

Soyez le plus fin et précis possible dans votre réponse. Par exemple, à la question « quand », nous vous conseillons de fixer une date précise : « le 30 octobre » plutôt qu'« à la fin du mois ». La fin du mois, c'est flou ; et cela peut s'étaler sur dix jours. Si vous voulez que les choses se réalisent, prenez votre agenda et écrivez : « Je le fais tel jour, à telle heure. »

Ainsi au lieu de promettre : « Je vais mieux gérer mon temps », il est préférable de planifier : « Tous les soirs de la semaine prochaine, avant de quitter le bureau vers 18 heures, je vais prendre un quart d'heure (c'est-à-dire arrêter ce que je faisais à 17 h 45) pour identifier et noter noir sur blanc les deux à trois priorités à réaliser dès le lendemain matin. »

Cette formulation est concrète et surtout nous programme mentalement pour réussir.

Et vous ?

Reprenez l'un de vos objectifs : si sa formulation vous paraît trop générale, précisez-le davantage à l'aide des questions : de quoi s'agit-il ? Avec qui ? Quand ? Où ?

© Groupe Eyrolles

Rendez votre objectif mesurable

Comment serez-vous certain que vous avez atteint votre objectif ? Cette question de la mesure du résultat est fondamentale : c'est lorsque vous atteindrez votre résultat que vous pourrez vous arrêter, vous récompenser et repartir vers un nouvel objectif. Sinon, vous serez dans une quête perpétuelle de quelque chose qui n'a pas de fin... Et du coup, votre objectif s'effilochera sans que vous ayez le sentiment de l'avoir atteint. Quelle frustration !

Au moment où vous fixez votre objectif, il est donc nécessaire de décider quels seront les critères de réussite. Et ce n'est pas toujours évident, certains objectifs étant de nature immatérielle...

Martin veut consacrer une heure chaque soir à ses enfants. Il imagine la situation une fois que son objectif sera atteint : « Je suis dans la chambre d'Igor et Stéphanie, les enfants sont en pyjama, leurs jeux de la journée sont rangés... En toile de fond nous parviennent depuis le salon les bruits de la télévision, j'entends le jingle du journal de vingt heures... Je suis heureux de me trouver avec mes enfants. »

Pour Clarisse, il est primordial de réussir sa prise de parole devant le comité de direction demain. Le signal de réussite, pour elle, sera : « Un grand "ouf" intérieur ! Je me sentirai légère et j'entendrai mon responsable me féliciter. »

Le critère peut être l'air de satisfaction ou d'approbation que vous voyez sur le visage de vos interlocuteurs, des félicitations que vous entendez, ou encore les sensations caractéristiques que vous ressentez avec le sentiment de fierté, de joie d'avoir réussi.

Bien sûr, les critères peuvent également être externes : une promotion, un score amélioré, un meilleur rendement, des délais optimisés...

**C'est ainsi que l'on progresse, le progrès est motivant
lorsqu'il est mesuré et reconnu !**

Comment trouver des critères

Voici quelques questions pour rendre mesurable votre objectif :

– Comment saurez-vous que vous avez atteint votre objectif ?

– Quelle image verrez-vous quand vous aurez atteint votre objectif ?

– Qu'entendrez-vous ? Que vous direz-vous à vous-même ?

– Que ressentirez-vous ?

– Y a-t-il des critères objectifs et « chiffrables » qui vous diront que vous avez réussi ?

Des objectifs sous votre contrôle

« Mon Dieu, donne-moi le courage de changer les choses que je peux changer, la sérénité d'accepter celles que je ne peux changer et la sagesse de distinguer entre les deux. »

Marc Aurèle

Xavier est responsable d'une agence immobilière spécialisée dans la vente de bureaux. L'agence a perdu plusieurs prospects qui ont finalement décidé de s'installer dans un quartier plus en vogue. Xavier a rendez-vous demain avec un chef d'entreprise qui cherche des bureaux, et son objectif est de remporter ce nouveau marché.

Voilà un objectif affirmatif et précis… Parfait ! Mais reste une question : de qui dépend sa réalisation ? Ici, c'est le client qui décide si ces bureaux lui conviennent. Malheureusement, Xavier n'a pas de baguette magique pour agir sur la décision du client.

Très souvent, ce que nous désirons obtenir ne dépend pas uniquement de nous. En fait, rares sont les objectifs entièrement sous notre contrôle. Il y a toujours un environnement, des personnes avec lesquelles nous devons compter pour atteindre notre objectif : réussir un concours, avoir une promotion ou une augmentation de salaire, décrocher un nouveau contrat…

Pour chaque objectif que nous nous fixons, notre travail est de faire la part entre ce qui dépend de nous et ce qui ne dépend pas de nous. Lorsque le résultat n'est pas sous notre contrôle, on peut se fixer alors des objectifs sur les moyens à mettre en œuvre, plutôt que sur le résultat.

Pour Xavier : qu'est-ce qui ne dépend que de lui ? Que peut-il faire pour mettre toutes les chances de son côté ?

Il peut, par exemple, préparer la liste de tous les arguments en faveur du quartier et des bureaux, se renseigner sur l'entreprise du prospect, faire la liste des objections possibles et trouver des réponses... Il peut aussi se préparer à l'écouter, être en forme pour être plus accueillant... Toutes ces actions dépendent de lui et l'engagent directement.

Nous n'avons du pouvoir que sur nos propres actions.

Quand un objectif n'est pas sous notre contrôle, le premier travail à faire est de le reformuler pour agrandir au maximum la part qui se trouve dans notre champ d'action : « Qu'est-ce qui dépend le plus de moi ? »

Évaluez vos leviers d'action, et, s'ils sont trop faibles, interrogez-vous sur la faisabilité de l'objectif. Il vaut mieux ne pas démarrer plutôt que poursuivre une chimère impossible.

Ces objectifs que nous voulons pour les autres

C'est le cas de Jimmy qui manage 14 personnes, et qui souhaite que ses collaborateurs soient plus autonomes ! Mais être plus autonome, cela veut dire quoi précisément ? Comment, concrètement, Jimmy saura-t-il que ses collaborateurs sont plus autonomes ? Qu'est-ce qui dépend de lui dans le fait que ses collaborateurs soient plus autonomes ?

À titre d'exemple, Jimmy peut : prévoir des moments pendant lesquels ses collaborateurs peuvent se rencontrer ; bâtir avec chacun un plan de développement des compétences ; déléguer et transférer progressivement ses compétences à ses collaborateurs ; définir avec chacun d'eux des marges d'autonomie.

> ▶▶▶
>
> Bref, c'est sur sa posture de manager que Jimmy se doit de travailler, au lieu de vouloir pour les autres !

Et vous ?

Reprenez l'un des objectifs tirés de vos rêves et une feuille de papier. Séparez la feuille en deux colonnes : celle de gauche est intitulée « Actions qui dépendent de moi », et celle de droite « Actions qui ne dépendent pas de moi ». Vous allez découper votre objectif en autant d'actions nécessaires à sa réalisation, et les classer dans l'une ou l'autre colonne.

Pour toutes les actions classées dans la colonne « ce qui ne dépend pas de moi », demandez-vous : « Quels sont les leviers d'action pour que cet objectif soit davantage sous mon contrôle ? »

Si besoin est, reformulez votre objectif de manière à ce que vous en soyez propriétaire.

Des objectifs écologiques

> « *Il ne sert à rien à l'homme qu'il gagne la Lune s'il vient à perdre la Terre.* »
>
> François Mauriac

Antoine, 36 ans, est responsable des ressources humaines dans un grand groupe industriel. Il adhère à la culture de son entreprise mais rêve d'un poste où il aurait plus de responsabilités. Son objectif est de diriger la partie formation pour tout le groupe d'ici un ou deux ans. Ce serait un champ plus restreint, mais il aurait l'entière responsabilité de la formation et devrait gérer un budget très important. De plus, il devrait se déplacer en moyenne 10 jours par mois sur les sites français et européens pour rencontrer ses « clients et prestataires internes ».

Un objectif est écologique lorsque l'ensemble des avantages est supérieur aux inconvénients ; lorsque les conséquences sont acceptables pour la personne et son environnement.

Antoine est-il prêt à se déplacer régulièrement et pour plusieurs jours, alors qu'il est marié et père d'enfants en bas âge ? Quelles seront les réactions de sa femme et de ses enfants ? Est-il prêt à assumer le stress de nouvelles responsabilités, en même temps que la spécialisation (c'est-à-dire la limitation) de son champ d'action ?

Vérifier l'écologie d'un objectif, c'est envisager l'ensemble des conséquences dans les différents systèmes : la personne, sa famille, son environnement... Sommes-nous prêts à assumer les conséquences de l'atteinte de l'objectif ? Le résultat espéré ne crée-t-il pas plus d'inconvénients que la situation actuelle ?

L'objectif est réalisable lorsque son écologie prend en compte les intérêts des différentes personnes impliquées directement et indirectement.

Les conditions nécessaires à un objectif écologique

L'objectif est écologique si :

	Pour moi et mon entourage
Situation présente	Inconvénients > Avantages
↓	
Objectif	Avantages > Inconvénients

Un objectif est le passage d'une situation présente à une situation désirée. Dans la situation présente, vous estimez avoir plus d'inconvénients que d'avantages. C'est même ce qui vous pousse à changer et à vous fixer un objectif. Mais attention ! la situation future a des avantages et des inconvénients ; parfois, nous refusons de les regarder en face ou nous n'en avons pas conscience. Cependant, vous vous épargnerez bien des déconvenues si vous avez le courage d'évaluer les conséquences positives *et* négatives de la nouvelle situation pour vous et votre entourage.

Si dans la situation désirée il y a plus d'inconvénients que d'avantages, reformulez votre objectif, ou bien négociez avec vos différents interlocuteurs pour rendre votre objectif écologique.

Nous vous avions promis de réussir à tous les coups vos objectifs... Se poser la question de l'écologie de vos objectifs permet de sélectionner et valider ceux qui sont réalisables.

Et vous ?

Reprenez l'un de vos objectifs :

▶ Faites-vous une image de vous en train de réaliser votre objectif ? Cette image est-elle belle, attirante ? Cela vous fait-il plaisir ?

▶ Avez-vous plus d'avantages à réaliser votre objectif qu'à rester dans la situation actuelle ?

▶ Votre objectif prend-il en considération les intérêts des différentes personnes impliquées dans sa réalisation ?

▶ Quels seraient les inconvénients possibles à la situation désirée pour vous et votre entourage ? Qu'allez-vous perdre ? Que vont-ils perdre ?

▶ Et si vous ne le faisiez pas, que se passerait-il ?

▶ Le jeu en vaut-il la chandelle ? Êtes-vous prêt à assumer le résultat ?

Avant d'aller plus loin

Vous savez désormais comment transformer vos rêves en objectifs réalisables. Nous allons voir maintenant comment passer à l'action.

Chapitre 3

En route vers votre objectif

« Le commencement est beaucoup plus que la moitié de l'objectif. »

Aristote

Suite à la fusion de son entreprise avec l'entreprise concurrente, Juliette, 52 ans, vient d'être licenciée de son poste de responsable des ressources humaines. Après deux mois difficiles, Juliette s'achemine vers la décision de travailler comme consultante indépendante. Son expérience et son âge lui donnent une crédibilité auprès de clients potentiels, sans parler de son carnet d'adresses, bien fourni après 30 ans de vie professionnelle. Juliette est heureuse à l'idée d'avoir plus de liberté que dans sa vie salariée. Elle se donne six mois pour trouver sa première mission ; objectif : commencer à travailler pour un client le 1er novembre.

L'objectif est défini, précis, mesurable… Juliette se voit tout à fait en train de signer sa première mission, et cela lui fait plaisir ! Et maintenant, comment passer à l'action ?

Pierre se pose la même question. Vous savez, Pierre, notre manager d'équipe, pour qui c'est très important de ne plus s'énerver à tout bout de champ. Son objectif reformulé est devenu : « Je souhaite rester calme et écouter ce que mon interlocuteur me dit jusqu'au bout, sans l'interrompre. »

Mais des freins peuvent se dessiner pour passer à l'action :

- On ne sait pas par quoi commencer, quelles étapes suivre ;
- On se demande comment faire le premier pas ;
- Parfois on a peur d'échouer.

Si les freins à l'action sont trop importants, nous vous proposons d'évaluer votre motivation sur un curseur de 1 à 10 :

▶ Le résultat est inférieur à 8 : êtes-vous sûr de vouloir vraiment cet objectif ? Peut-être vaut-il mieux renoncer ?

▶ Le résultat est supérieur à 8 : alors, maintenant, comment s'y prendre ? Comment passer à l'action ?

Quoi faire ?

Quelles sont les actions à mettre en œuvre pour réaliser votre objectif ? Se poser la question, c'est déjà se donner les moyens d'y répondre.

Organisez pour vous-même un brainstorming des différentes actions possibles. Nous vous conseillons dans un premier temps de jeter vos idées en vrac, par écrit (dans votre cahier, sur des post-it, sur un fichier de votre ordinateur), puis de les organiser de façon chronologique. À la manière d'un réalisateur, vous créez le story-board de votre stratégie d'objectifs.

Faites-vous maintenant une représentation visuelle, un film de l'ensemble des étapes pour réaliser votre objectif. Cette programmation mentale rend le processus plus réaliste et nourrit votre motivation.

Ainsi, pour Juliette, les actions vont être :

• Faire un bilan professionnel pour prendre du recul, comprendre ses motivations, identifier et préciser ses points forts ;

• Cibler son offre de service (quels sont les besoins des clients, quel est son savoir-faire, quels produits proposer, quels prix pratiquer… ?) ;

• Mettre à jour son carnet d'adresses et le catégoriser (clients potentiels, prescripteurs, intervenants possibles pour des formations…) ;

• Faire les démarches administratives pour s'inscrire en consultante indépendante.

Pierre, lui, a identifié les étapes suivantes :

• Suivre une formation sur la communication et l'écoute ;

• Pratiquer deux fois par semaine son sport favori, le tennis, pour mieux décompresser ;

* S'entraîner lors des réunions à laisser parler ses interlocuteurs, à leur poser des questions et à reformuler ; il a même demandé à son adjoint de l'observer et de le débriefer après la réunion.

Et vous ?

Si vous repreniez l'un des objectifs que vous vous êtes fixé :

▶ Quelles sont les actions possibles ?

▶ Comment allez-vous les organiser ?

▶ Faites-vous un film des actions à réaliser.

Quand allez-vous le faire ?

Maintenant que vous venez de décomposer votre objectif en sous-objectifs, c'est-à-dire en différentes étapes opérationnelles, reste à savoir quand vous allez les réaliser.

Pourquoi le moment « je le note dans mon agenda » est-il si important ? Prendre date, c'est s'engager. Planifier concrètement une action l'inscrit dans la réalité : pour la première fois, l'objectif quitte la préparation mentale (votre tête) pour arriver dans « la vraie vie ». Il va falloir négocier avec les autres contraintes, se donner une exigence d'efficacité... Le premier moyen que vous allouez à votre objectif, c'est du temps.

Notez les différentes étapes sur votre agenda, vous jalonnez ainsi votre plan de travail. Quand avez-vous prévu de terminer la première étape ? Et la deuxième ? Et la troisième ? Tout cela en fonction de votre date butoir de réalisation de l'objectif. Fractionner l'objectif en sous-objectifs entretient votre motivation.

**Régulièrement, vous mesurez votre progression
dans la réalisation de votre objectif.**

Ainsi pour Juliette, il s'agit de planifier l'ensemble de ses actions sur un calendrier :

* Le 30 mai, rendez-vous pour un bilan professionnel ;
* Le 7 juin, commencer la liste de mes contacts qui peuvent m'aider dans le nouveau business ;

- Le 15 juin, travail sur l'offre de services ;
- Le 30 juin, contacter par téléphone les personnes auprès desquelles je pourrai tester mon produit.

À ces dates données, elle a rendez-vous avec son objectif. Cela la sécurise, lui donne confiance en elle, son entreprise prend corps. Elle construit au fur et à mesure.

Et vous ?

Prenez votre agenda et notez vos rendez-vous avec les différentes étapes de votre objectif.

De quelles ressources avez-vous besoin ?

Les Américains l'ont bien compris, eux qui ont créé de nombreux groupes pour maigrir, arrêter de fumer, régler tel ou tel problème : nous sommes très seuls en face de nos objectifs, et à plusieurs nous parvenons mieux à aller jusqu'au bout. Dans un changement de situation, nous avons rarement au départ toutes les clés en main.

Juliette a de l'expérience dans le métier des ressources humaines, et elle n'a jamais été consultante. Elle a toujours travaillé en équipe, avec le filet de l'entreprise qui « assume » en bout de course les réussites ou les échecs. En s'installant à son compte, elle effectue un virage important ! Elle a bien besoin de s'entourer de l'expertise et des conseils d'amis ou de relations professionnelles qui ont déjà cette expérience...

> Formations, moyens financiers, moyens matériels,
> soutiens relationnels... font partie des ressources dont on a besoin

Et vous ?

De quelles ressources avez-vous besoin pour réaliser votre objectif ? Quelles sont celles que vous avez déjà ? Celles que vous devez vous procurer ?

Qui peut vous aider à réaliser votre objectif ? Comment allez-vous vous y prendre pour obtenir ce soutien ? Et quand allez-vous le faire ?

Le premier pas

« Le premier pas... J'aimerais qu'elle fasse le premier pas... »

Claude-Michel Schönberg

Qui n'a pas rêvé que ce premier pas lui soit épargné ! Tout est prêt sur le papier, et se jeter à l'eau, c'est à la fois inévitable et très doulou-reux. Depuis la berge, on regarde la mer pendant un bon quart d'heure : « J'y vais, faut que j'y aille, je vais y aller... mais elle a l'air super-froide ! » On a beau *se voir* dans l'eau, en attendant on est tou-jours sur la berge. Une fois dedans pourtant, et le premier saisisse-ment passé, nous trouvons qu'elle est très bonne, et nous nous mettons à nager, à plonger, bref les choses suivent leur cours. Nous étions statiques et tout d'un coup, nous nous mettons en mouvement.

**C'est rarement confortable au début,
et puis on s'installe dans le mouvement, et c'est parti.**

Si la préparation mentale est fondamentale, tant que vous ne serez pas passé à l'action, rien n'est réel. C'est le premier pas qui, en servant de déclencheur, va vous emmener dans la réalité et enclen-cher la suite des actions. Comme ces circuits de dominos qui tom-bent les uns après les autres une fois qu'on a donné une pichenette au premier.

Sept déclics pour passer à l'action

Exploitons notre métaphore de se jeter à l'eau pour nous demander ce qui nous pousse à agir. D'où vient le déclic ?

1. **La fierté personnelle** : votre exigence de faire ce que vous vous proposez est ce qui vous pousse à sauter sans délai ;

2. **Tu l'as déjà fait !** Vous vous remémorez un bain précédent, le saisissement initial puis le « c'est pas si terrible » et enfin, le plaisir d'être dans l'eau ;

3. **Vous attendez la grosse vague** qui va vous mouiller : vous connaissez les conditions qui vous aident à démarrer et vous vous mettez à l'affût ;

▶▶▶

▶ ▶ ▶

4. **Saut groupé** : parfois, c'est plus stimulant de sauter à plusieurs ;

5. **La poussée salutaire** : au bout d'un quart d'heure au bord de la piscine, un ami vous pousse dans l'eau. C'est froid, mais au moins vous arrêtez de tergiverser ! Un mentor peut jouer ce rôle de celui qui vous aide à franchir le pas ;

6. **Les copains déjà dans l'eau** : le regard des autres est très important pour alimenter la motivation. Parlez de votre objectif à d'autres personnes, le désir de ne pas les décevoir deviendra votre moteur ;

7. **Vous plongez tête la première** : sans vous poser de questions, vous y allez directement. Une fois que vous avez décidé de faire quelque chose, à quoi bon attendre ?

Et vous ?

Quels sont vos déclics pour passer à l'action ?

Gardez le souffle

Pour certains cependant, ce n'est pas le premier pas qui coûte mais les suivants. Pour preuve, tous ces projets entamés et jamais terminés que nous gardons au fond de nos armoires, tricots à demi tricotés, manuscrits jamais envoyés à l'éditeur, séances de jogging abandonnées au bout d'un mois... Ils ne sont pas rares ces objectifs mis en chantier puis arrêtés en cours de route.

Un jour on arrête, et voilà.

Comment ne pas se laisser décourager lorsque surviennent les premiers obstacles ? Comment garder le souffle sur un objectif de longue haleine, qui peut être exigeant, difficile, et surtout, détrôné par de nouveaux objectifs ? Comment repartir lorsqu'on s'est arrêté ?

Le moyen le plus efficace pour réaliser ce que vous avez décidé de faire en gardant votre motivation consiste à faire des points d'étapes qui vous remettront sur les rails :

Les points d'étapes qui remettent sur les rails

- **La réussite fait réussir** : quelles étapes vers la réalisation de votre objectif avez-vous accomplies jusqu'à aujourd'hui ? La satisfaction du contrat rempli donne confiance en soi et ravive l'envie de poursuivre.

- **Récompensez-vous** : chaque fois que vous avez atteint une étape, récompensez-vous. Faites la fête, célébrez votre réussite et réjouissez-vous des résultats obtenus.

- **Où en êtes-vous par rapport aux délais** que vous vous étiez fixé ? Faites coller votre planning à la réalité et, au besoin, renégociez le délai avec vous-même.

- **Parlez de votre projet** autour de vous : soutien moral, nouvelles idées, nouvelles ressources, ressourcement au rendez-vous !

Et vous ?

De quel coup de pouce aurez-vous besoin pour tenir la durée ?

Avant d'aller plus loin

Vous avez fini votre plan d'action. Les dates ancrent les étapes dans la réalité. Avec votre premier pas, vous entrez dans l'action.

Conclusion

« Ce qu'on obtient en atteignant nos objectifs n'est pas aussi important que ce que l'on devient en les atteignant. »

Zig Ziglar

Réussissez vos objectifs, quelle promesse ambitieuse ! Qui d'entre nous n'a pas rêvé de réussir ce qui lui tient à cœur ?

Au terme de cette première partie, vous avez pris conscience que derrière cette promesse il y a une méthodologie rigoureuse et opérationnelle. Une méthodologie c'est comme une rampe d'escalier : elle ne monte pas les marches à votre place ! C'est vous qui devez faire l'effort de monter en prenant appui sur elle pour arriver en haut de l'escalier.

10 conseils opérationnels pour réussir vos objectifs

1. **I have a dream…** : qu'est-ce qui compte, pour vous ? Le temps d'un retrait confortable, clarifiez vos objectifs de vie : que voulez-vous avoir accompli dans un an, trois, cinq, dix, vingt ans… dans votre vie personnelle, familiale, professionnelle et sociale ?

2. **Noir sur blanc** : que voulez-vous ? Prenez le temps de formuler par écrit votre objectif, sous forme affirmative. Décrivez précisément ce que vous désirez obtenir, puis visualisez-vous en train de réussir.

3. **Propriété privée** : assurez-vous que vous êtes le propriétaire de votre objectif. Dépend-il complètement de vous et de vos actions ? Si ce n'est pas le cas, remodelez son périmètre. Car atteindre un objectif qui ne dépendrait pas de vous relèverait de la chance, et non d'une stratégie personnelle.

4. **Vue d'ensemble** : quelles sont les étapes à réaliser ? Écrivez votre plan d'action, en fractionnant l'objectif en sous-objectifs. Vous aurez ainsi une bonne vue d'ensemble du plan d'action.

5. **Pensez au temps** : pour chacun de vos objectifs, établissez un planning. Fixez dès à présent la date de réalisation de votre objectif ainsi que la date du premier pas. Préférez les dates calendaires aux dates imprécises, du style « fin de semaine » ou « début de mois », qui vous entraînent assurément sur la voie des délais non respectés.

6. **Devant vous** : pour avoir toujours en tête vos objectifs et ne pas vous laisser distraire par mille autres choses, épinglez ou collez devant votre bureau la liste de vos principaux objectifs. Concentrez votre attention là où vous voulez aller.

7. **Écologie** : une fois votre objectif atteint, quels sont tous les avantages et les inconvénients rencontrés ? Pour vous ? Pour les autres ? Prenez le temps d'en faire la liste, sans vous mentir. Puis remettez en cause l'objectif : le jeu en vaut-il la chandelle ?

▶▶▶

▶▶▶

8. **Indicateurs** : Comment saurez-vous que vous avez atteint votre objectif ? Déterminez vos indicateurs de résultats, sinon vous ne saurez jamais si vous avez réussi.

9. **Engagez-vous** : quel est votre degré de motivation pour atteindre cet objectif ? Évaluez-le en le notant de zéro à dix. En dessous de huit, cet objectif n'est peut-être pas si important pour vous ?

10. **Célébrez** : une fois votre objectif atteint, fêtez votre réussite. Vous vous êtes donné du mal, cela vaut une récompense !

Bibliographie

Anthony Robbins, *Pouvoir illimité*, Robert Laffont, 2003.

Un des livres clés de la PNL dans lequel Anthony Robbins en illustre les principaux concepts avec de très nombreux exemples.

Stephen Covey, *Les sept habitudes de ceux qui réalisent tout ce qu'ils entreprennent*, First, 2000.

Où Stephen Covey nous encourage à réexaminer nos habitudes pour adopter celles des personnes les plus efficaces.

John Whitemore, *Le guide du coaching*, Maxima, 2004.

Un des meilleurs livres sur le coaching, concret et opérationnel, où la stratégie de l'objectif est la trame de tout entretien de coaching.

Viktor Frankl, *Découvrir un sens à sa vie*, Éditions de l'Homme, 1988.

Le fondateur de la logothérapie nous apprend que le bien-être repose d'abord sur le besoin de donner un sens à sa vie.

Partie 2

Corps, cœur, tête : mobilisez toutes vos ressources

« L'homme, c'est l'univers en miniature
l'homme et le monde sont interdépendants
l'homme est le garant de l'équilibre de la création. »

Amadou Hampâté Bâ, écrivain, historien,
ethnologue, poète et conteur malien

Depuis bien longtemps l'homme, ce « roseau pensant », cherche à se comprendre et à comprendre l'univers dont il fait partie. Ainsi, au cours des temps, ont été élaborées diverses conceptions de la nature humaine.

Aristote avait un regard holistique sur la nature humaine. Pour lui, l'être humain est un ensemble de trois centres vitaux interdépendants :

▶ **Le centre moteur**, responsable de l'action, du mouvement, de la réalisation ;

▶ **Le centre émotionnel**, responsable des émotions, des sensations, des désirs ;

▶ **Le centre cognitif**, responsable des pensées, de la réflexion, de la rationalité.

L'homme est « entier » (parfait), lorsque ses trois centres vitaux sont en harmonie.

Ce concept a traversé les époques. Nous le retrouvons avec William James, philosophe américain du XIXe siècle, et sa théorie des « 3 H » :

▶ **Head** : la tête, le centre cognitif, l'épanouissement intellectuel ;

▶ **Heart** : le cœur, le centre émotionnel et l'épanouissement affectif ;

▶ **Hands** : les mains, le centre moteur et l'épanouissement physique.

Pour William James, utiliser toutes les ressources de notre être – la tête qui permet d'avoir les idées claires ; le cœur qui apporte de l'enthousiasme, la motivation et l'engagement ; les mains qui sont les actes, les efforts pour réussir – permet d'agir de manière plus efficace pour faire face à tout ce qui nous entoure.

Prendre en compte ces trois aspects de notre identité va être la matière première de cette deuxième partie car ils s'influencent réciproquement :

▶ « Lorsque j'ai mal au dos, je n'arrive plus à réfléchir ! »

▶ « Lorsque je suis énervé, j'ai du mal à me concentrer sur mon travail… »

▶ « Lorsque mon esprit est préoccupé par ce que je dois faire le lendemain, je n'arrive pas à trouver le sommeil. »

En se réveillant, ce matin-là, Jacques se met à penser : « Pfft, encore une journée de galère qui m'attend... » Il traîne en s'habillant et, le plus tard possible, part pour son bureau. Il est déjà fatigué ; son regard est tourné vers le sol, ses épaules tombent...

Ce même matin, Solange se réveille, s'étire en se disant : « Quelle chance, aujourd'hui je vais rencontrer ma nouvelle collaboratrice ! » En partant au bureau, elle chantonne son air préféré du moment. Elle arrive à son lieu de travail souriante, a un mot gentil pour chaque personne qu'elle croise dans les couloirs.

Ne sommes-nous pas le reflet de nos pensées ? Des discours que nous nous tenons ? Et si nous pouvions aussi nous servir de notre ressenti... ? « Et ce projet, comment le sens-tu ? Les choses vont-elles se concrétiser positivement, ou bien pressens-tu que cela ne va pas débloquer la situation ? »

La vie en entreprise nous pousse très souvent à favoriser le mental, l'intellect, la réflexion, et laisse de côté le centre émotionnel. Seules les émotions « positives » ont leur place, les autres : on nous prie de les laisser au vestiaire, de peur qu'elles n'entravent la productivité. L'entreprise sollicite l'enthousiasme, la détermination, l'envie de gagner, elle ne souhaite pas être confrontée à l'inquiétude, la colère, le découragement... Qui sont pourtant présents chez chacun d'entre nous !

Et le corps dans tout cela ? Souvent nous nous laissons conditionner par des croyances limitantes : il est bon de séparer les activités corporelles de celles de l'esprit et de ne pas leur accorder la même valeur et pourtant l'esprit exercé et agile se sent mal à l'aise dans un corps chétif et maladroit.

Dans cette deuxième partie, nous nous proposons de vous donner quelques modes d'emploi pour :

▶ Découvrir une nouvelle façon de vivre votre corps : garder la forme, ou la retrouver ;

▶ Piloter vos émotions ;

▶ Vous donner du choix dans vos pensées.

Lorsque nous parvenons à développer nos trois centres, nous retrouvons une marge de liberté pour être efficace et au top de notre forme.

Bonjour mon corps

« C'est à toi que je veux dire aujourd'hui combien je te remercie de m'accompagner sur le chemin de ma vie.

J'ai pas toujours accordé l'intérêt, l'affection ou plus simplement le respect que tu mérites. Parfois, je t'ai même maltraité, matraqué de reproches violents, ignoré par des regards indifférents, rejeté avec des silences plein de doutes.

Tu es le compagnon dont j'ai le plus abusé, que j'ai le plus trahi. Et aujourd'hui, un peu ému, je te redécouvre avec tes cicatrices secrètes, avec ta lassitude, avec tes émerveillements, tes possibles.

Je surprends à t'aimer, mon corps, avec des envies de te câliner, de te choyer, de te donner du bon.

J'ai envie de te faire des cadeaux uniques, de dessiner des fleurs et des rivières sur ta peau, de t'offrir du Mozart, de te donner les rires du soleil et de t'introduire aux rêves des étoiles.

Mon corps, je te suis fidèle. Non pas malgré moi, mais j'ai découvert que tu m'aimais, mon corps, que tu prenais soin de moi...

Combien de violences as-tu affrontées pour me laisser naître ! Pour me laisser être, pour me laisser grandir.

Mon corps, maintenant que je t'ai rencontré, je ne te lâcherai plus.

Nous irons jusqu'au bout de notre vie commune... Et quoi qu'il arrive, nous vieillirons ensemble. »

Jacques Salomé, *Apprivoiser la tendresse*, J'ai lu, 2005.

Chapitre 4

Sept clés
pour garder (ou retrouver) la forme

Jean-Baptiste est responsable financier dans une PME. Il passe la plus grande partie de la journée à son bureau, devant son ordinateur, à faire des tableaux de chiffres, ou à recevoir des interlocuteurs en vue de toujours « réduire les coûts ». Il travaille tout le temps, et le peu de temps qu'il a, il le consacre à sa femme et ses enfants, de temps en temps il déjeune avec un ami... Le sport, c'était bon pour le lycée et la fac ! Depuis qu'il a intégré la vie active, il semble avoir oublié qu'il avait un corps.

Jusqu'au jour où un matin, en se levant, il fait un faux mouvement ; son dos se bloque. Plus moyen de bouger... C'est un lumbago qui va le clouer quelques jours dans son lit. Le kiné qui le soulage lui recommande la pratique régulière d'un sport : par exemple, deux heures de natation par semaine. Jean-Baptiste a eu si mal qu'il ne se demande même pas comment il va réussir à caser ce temps de sport dans son agenda hyperchargé !

Tout est affaire de priorité.

Pourquoi est-il si important de prendre soin de son corps ? Qu'est-ce qui se passe si on ne le fait pas ? Mis à part le mal-être qui surgit inévitablement lorsqu'on néglige longtemps une part de soi, le corps se rouille, et l'un ou l'autre de ses morceaux finit par nous infliger une douleur qui nous parasite tout entier. Quand on a mal au dos à ne plus pouvoir bouger, dur, dur d'avoir de l'empathie pour son prochain et de faire fonctionner ses neurones !

Nous avons tendance à oublier notre corps, dès que notre tête est occupée. Mais quel dommage de ne le prendre en compte que lorsqu'il se rappelle à nous de manière violente ou désagréable (le « tu as grossi » répété par trois amis la même semaine...).

Et si vous décidiez de prendre soin de votre corps avant que ces signaux n'apparaissent ? Si vous décidiez d'avoir une relation sympathique avec lui : aller à la piscine sans ordonnance médicale, juste pour se dérouiller et se défouler, cela peut aussi être un plaisir !

L'objectif de ce chapitre est de vous donner un grand choix de moyens pour prendre soin de vous :

1. Donnez du mouvement à votre corps.
2. Détendez-vous, même au travail.
3. Respirez... Ne manquez pas d'air.
4. Offrez-vous un plaisir par jour.
5. Accordez-vous une sieste.
6. Adoptez la *smile attitude*.
7. Préparez votre nuit de sommeil.

Donnez du mouvement à votre corps

> *« Dans l'unité de soigner l'art de notre corps, je distingue deux espèces dont l'une est l'art de la gymnastique, l'autre l'art de la médecine... »*

Platon

Une part importante de la fatigue que l'on ressent au cours de la journée est due à la sédentarité et à de mauvaises postures physiques. En France, une personne sur deux souffre de mal de dos ! Or notre corps est façonné pour le mouvement et a besoin d'exercice.

Voici quelques exercices pour bouger, étirer vos muscles, remettre en route la machine... et repartir « bon pied, bon œil ». Vous pouvez les pratiquer chez vous et au bureau, tout au long de votre journée de travail et pendant le week-end.

Nous vous en proposons plusieurs pour que vous ayez l'embarras du choix : à vous de tester et choisir ceux qui vous conviennent le mieux.

En avant, marche !

Si vous n'êtes pas du genre sportif, la marche est votre planche de salut. La marche est l'exercice idéal, et le plus naturel qui soit. Elle ne coûte rien et vous pouvez la pratiquer quand vous voulez, où vous voulez et à votre rythme. Les contre-indications sont rarissimes, et une paire de chaussures confortables suffit.

Hyppocrate considérait la marche comme « le meilleur remède de l'homme » !

En tant qu'activité prolongée, les bienfaits de la marche sont : réduire l'embonpoint, renforcer le muscle cardiaque, abaisser la tension artérielle, solidifier les os, réduire le stress, raffermir les muscles, faciliter la digestion… En pratique, il convient de marcher une heure par jour, si possible d'un seul coup, sinon en plusieurs fois.

Une heure de marche ne cadre pas dans votre emploi du temps ? Voici quelques idées qui pourraient vous aider à changer vos habitudes.

Comment changer vos habitudes

- Empruntez les escaliers plutôt que les ascenseurs ;
- Montez les marches des escalators (ou, mieux, les escaliers à côté des escalators) ;
- Garez votre voiture un peu plus loin ; descendez du bus ou du métro une station plus tôt et marchez jusqu'à votre destination ;
- Faites vos courses à pied ;
- Profitez de l'heure de déjeuner pour aller faire un tour ;
- Le week-end, promenez-vous dans la nature.

Marchez mais, attention, pas n'importe comment ! Buvez de l'eau pour éviter de vous déshydrater, et allongez le pas : de cette manière, vous faites travailler vos jambes, vos cuisses et vos fessiers au maximum !

Rapidement, vous constaterez que votre heure de marche quotidienne vous donne un surplus d'énergie, aère le corps et l'esprit, et contribue à améliorer la santé et la qualité de votre vie.

Faites comme les chats, étirez-vous !

Le corps n'aime pas les positions immobiles prolongées. La pire des positions, qui vous garantit ankyloses et contractures, est celle-ci : assis, les jambes croisées, le buste légèrement vrillé ! Ça vous dit quelque chose ?

Pour stimuler la circulation sanguine, étirer vos muscles et éviter que votre corps ne « rouille », voici des exercices spécialement sélectionnés, à faire plusieurs fois par jour...

Pour étirer la nuque

Le dos droit, les épaules relâchées, regardez devant vous. Inspirez lentement en levant le menton jusqu'à regarder le plafond. Puis, sur l'expiration, rentrez le menton en regardant le sol. Reproduisez ce mouvement 5 à 6 fois.

Puis, toujours le dos droit, les épaules relâchées, le regard droit devant, tournez lentement la tête vers la gauche sur l'expiration, et revenez au centre sur l'inspiration. Faites de même vers la droite. Vous pouvez faire cet exercice 5 à 7 fois à votre rythme.

La nuque étant maintenant bien échauffée, vous pouvez effectuer des rotations de la tête. Ces mouvements sont à effectuer lentement et dans une parfaite fluidité. Ils vous apporteront de la détente... et un grand bâillement.

Quelques mouvements pour étirer le dos et les épaules

▶ Assis ou debout, croisez vos doigts, tendez les bras devant vous, paumes tournées vers l'extérieur. Gardez la position 20 secondes. Et sentez bien l'étirement entre les omoplates. Relâchez, et répétez ce mouvement 2 ou 3 fois ;

▶ Les doigts toujours croisés, étirez les bras au-dessus de la tête, paumes vers le plafond. Étirez sur l'expiration, comme si vous vouliez toucher le plafond. Gardez la position 20 secondes. Puis répétez l'exercice 2 ou 3 fois ;

▶ Les doigts croisés derrière la nuque, écartez vos coudes et cherchez à rapprocher le plus possible vos omoplates. Gardez la position 10 secondes, puis relâchez-vous ;

▶ Pensez à détendre vos lombaires plusieurs fois par jour : en position assise ou debout, creusez un peu les reins, puis décreusez-les en basculant le bassin vers l'avant et en rentrant le ventre et les fessiers.

Vous pouvez aussi travailler vos lombaires de la manière suivante : debout, le dos appuyé au mur, les pieds écartés de la largeur du bassin, et séparés du mur par 15 centimètres. Installez une respiration abdominale, et prenez conscience de l'appui des épaules sur le mur, des fessiers, des bras et de la courbure lombaire… Sur la prochaine expiration, rentrez le ventre et plaquez au mur vos lombaires, vos épaules et vos cervicales. Relâchez en inspirant. Vous pouvez pratiquer cet exercice 5 à 7 fois, à votre rythme ;

▶ Debout, les pieds bien à plat, écartés de la largueur du bassin, le dos droit et les épaules relâchées, vous allez inspirer en levant les bras par-devant, jusqu'à les amener à la verticale. Puis vous expirez en fléchissant le buste et en laissant les bras redescendre le long des jambes. Reproduisez ce mouvement 4 ou 5 fois, à votre rythme ;

▶ À quatre pattes, bras et cuisses parallèles, inspirez lentement en gonflant le ventre et creusant le dos, et levez les yeux vers le plafond. Puis expirez en rentrant le ventre : votre dos s'arrondit, vos yeux regardent le sol. Reprenez ce mouvement 4 ou 5 fois, en sentant votre dos qui s'enroule et se déroule doucement.

À la dernière expiration, asseyez-vous, posez les fessiers sur les talons, la tête sur le sol et les deux bras de chaque côté le long du corps et cherchez à détendre votre dos.

Pour étirer les jambes

En position assise allongez vos jambes, effectuez des flexions et extensions des chevilles : inspirez lentement tandis que vos orteils regardent votre visage (position « flex ») ; puis expirez en allongeant les orteils au maximum.

Mettez-vous debout, et tendez votre jambe gauche. Posez-la sur votre chaise et l'étirant en douceur. Revenez à votre position initiale, et refaites ce mouvement avec la jambe droite.

Prenez soin de vos yeux

Vous effectuez un travail minutieux… Vous passez des heures devant un écran d'ordinateur… Toute la journée, les muscles de nos yeux sont très sollicités. Voilà quelques mouvements de « gym oculaire » destinés à vous défatiguer… et à vous éviter de pénibles maux de tête.

La pause flash

Pendant 20 secondes, fermez les yeux afin de les protéger quelques instants du bombardement d'informations émanant du monde extérieur... Respirez doucement, allongez les temps d'expiration.

La danse avec les yeux

Tendez le bras gauche devant vous, le pouce gauche relevé ; fixez les yeux sur le pouce. Avec votre pouce, dessinez un « 8 couché » ; sans bouger la tête, suivez le pouce avec vos yeux.

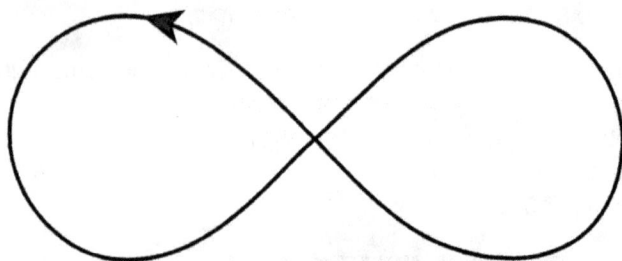

Reproduisez ce mouvement 5 fois avec chaque pouce ; commencez par de petits cercles, puis agrandissez-les. Joignez ensuite les deux mains en formant un X avec vos pouces, fixez le centre de cet X et continuez à suivre des yeux les deux pouces qui dessinent la figure de l'infini.

Le palming

Frottez énergiquement les paumes (*palm*, en anglais) de vos mains l'une contre l'autre pendant une dizaine de secondes : sentez comme elles se réchauffent ! Quand vos paumes sont bien chaudes, mettez vos mains en forme de coque et appliquez délicatement ces coques sur vos yeux. Laissez la chaleur se répandre... Et appréciez cette détente.

En panne d'idées ?

Vous est-il déjà arrivé de réfléchir sur un sujet important sans qu'aucune idée nouvelle ne se manifeste depuis 30 minutes ? C'est comme si votre cerveau avait décidé de faire la grève ! Demande-t-il un peu de repos ?

Nous vous proposons d'effectuer quelques mouvements croisés, en vue d'activer la circulation entre les deux hémisphères de votre cerveau : celui qu'on appelle l'hémisphère « logique », et celui qu'on appelle l'hémisphère « créatif » (deux caractéristiques parmi les richesses de chacun de nos hémisphères) :

- Tenez-vous bien droit ;
- Levez le genou gauche ;
- Posez votre main droite sur votre genou gauche ;
- En même temps que la jambe gauche revient sur le sol, vous levez le genou droit… et la main gauche va toucher le genou droit…

Une autre manière de reposer votre cerveau est de lui proposer une autre activité : Quittez votre bureau, prenez l'air et marchez quelques minutes, faites une pause-café avec des collègues, apprenez à lâcher prise pour mieux rebondir par la suite.

Détendez-vous, même au travail

Alexis est un jeune professionnel, passionné par son travail dans lequel il s'investit beaucoup. Il est ambitieux et veut faire ses preuves. Un sandwich vite avalé pour le déjeuner, il ne s'accorde pas ou très peu de moments de convivialité pendant la journée. Depuis quelque temps cependant, sa belle mécanique se grippe : il ressent des « coups de barre » fréquents, est très souvent fatigué et fait des crises d'herpès à répétition.

Comment récupérer au fil de la journée ? Comment se défatiguer ? Comment se ressourcer ? Nous vous proposons de pratiquer des relaxations minutes : elles deviendront vos réflexes détentes.

**La relaxation, c'est le contraire de l'excitation : l'absence de tension…
La relaxation est « l'aspirine » de la gestion du stress.**

Si l'exercice physique est l'exécutoire idéal à toute la tension musculaire accumulée, la relaxation est une excellente prévention. Elle apporte :

- Une détente physique : les grandes fonctions de l'organisme sont améliorées (respiration plus régulière, meilleure oxygénation, meilleure digestion…) ;

▶ La mise au repos de votre esprit : ce qui lui permet de prendre du recul et de sélectionner les informations ;

▶ Une récupération énergétique ;

▶ L'amélioration de votre sommeil.

La relaxation peut être curative (« J'ai mal au dos à en pleurer, comment m'en sortir ? ») ou préventive (« Je prends soin de mon corps, je repose mon esprit. »).

Nous allons expérimenter plusieurs techniques de relaxation, chacune ayant le même objectif : vous permettre de repartir dans votre journée avec un nouvel élan. « Mais, vous direz-vous peut-être, je n'ai pas le temps. »

Testez ces moments de relaxation : vous observerez, pour ceux qui vous conviennent, toute la productivité, l'envie, l'élan regagnés après des pauses, dont les plus courtes peuvent durer 45 secondes. Lorsqu'elles sont choisies, les coupures favorisent la concentration et un meilleur traitement des informations : votre cerveau est remis à neuf ! Les pauses détentes participent également à renforcer la mémorisation, permettent d'assimiler de nouvelles données et, enfin, libèrent la créativité. Alors, définissez les temps de détente que vous pouvez vous « offrir » sans bouleverser votre organisation…

À vous de jouer

Voilà quelques gestes simples qui vous permettront de vous ressourcer sans avoir besoin de quitter votre table de travail. Il vous suffit de décider de vous arrêter une minute. Oui, vous pouvez les pratiquer juste maintenant, presque en même temps que vous lisez ces lignes !

Et bien sûr, il y a des conditions pour que cela marche :

▶ Ces pauses demandent très peu de temps : 45 secondes à 5 minutes ;

▶ Les gestes sont faciles à réaliser, mais cela ne veut pas dire que c'est simple… parfois il faut se donner des « coups de pied aux fesses » ;

▶ Ces exercices demandent également de la répétition : pour apprendre à conduire, rappelez-vous, vous avez pris 30 heures de leçons ou plus… Puis vous avez beaucoup roulé avant de savoir vraiment conduire. C'est la même chose avec les exercices de détente ;

▶ Enfin, si plusieurs exercices s'accommodent parfaitement de la présence de vos collègues (si vous partagez un bureau, par exemple), pour d'autres (notamment ceux pour lesquels il faut fermer les yeux), vous serez plus à l'aise en vous isolant quelques minutes ; ou en prévenant votre entourage : « Ne pas déranger, je fais ma pause détente ! »

Contraction/relâchement

La méthode du docteur Jacobson

Lombalgies, torticolis, mal au dos… c'est le stress qui contracte tous les muscles. Ces derniers restent tendus et ne savent plus se détendre et se décontracter.

Le docteur Jacobson, dans les années vingt, a mis au point une méthode pour apprendre à se détendre, lâcher prise et faire le vide. Sa démarche consiste à prendre conscience de la contraction puis du relâchement musculaire. Cette exploration sensorielle contribue à éliminer toute tension rebelle et place le corps dans un état de détente..

Contractez/relâchez vos épaules et votre visage

Installez-vous confortablement : les fessiers bien calés sur votre siège, desserrez discrètement votre ceinture, afin de faciliter la circulation de votre respiration dans votre corps.

Puis commencez à contracter votre bras droit : serrez le poing en inspirant, contractez les muscles de l'avant-bras, ceux du bras… Puis relâchez au moment où vous expirez. Accueillez les sensations qui circulent dans votre bras droit : chaleur, picotement, légèreté… Faites ce mouvement avec le bras gauche.

Levez maintenant les épaules vers les oreilles tandis que vous inspirez. Gardez les poumons pleins en contractant les deux bras pendant 2 à 3 secondes, puis expirez en relâchant les bras. Vos épaules redescendent. Appréciez la détente qui s'installe.

Si vous êtes seul ou entouré de personnes de confiance, vous pouvez contracter tous les muscles de votre visage en faisant une belle grimace : relevez les sourcils, ouvrez grands les yeux, ouvrez la bouche en tirant sur les mâchoires et tirez la langue ; ou bien froncez les sourcils, plissez le nez, les joues… Puis relâchez, détendez vos muscles…

Prenez quelques instants pour apprécier la détente, et sentez comme ça circule mieux dans votre corps ! Voilà, vous êtes prêt à reprendre vos activités.

Contractez/détendez vos jambes

Assis, prenez conscience de la façon dont vous êtes installé sur votre siège… Répartissez le poids du corps sur votre assise, à droite, à gauche, de manière bien égale. Sentez l'appui de vos deux pieds sur le sol, tenez votre dos bien droit, bien ferme.

Pensez à décontracter vos épaules, la mâchoire et le front qui se fait tout lisse. Prenez une grande respiration puis…

À la prochaine inspiration, contractez vos orteils, vos mollets… vos cuisses, vos fessiers, et sentez la contraction qui s'est installée dans les muscles des jambes. Profitez du moment de l'expiration pour relâcher vos orteils, les mollets, les cuisses et les fessiers… Appréciez le relâchement des muscles dans vos jambes… Ce moment pendant lequel la détente s'installe dans vos jambes.

Contractez/détendez votre corps

Assis, prenez conscience de la façon dont vous êtes installé sur votre siège… répartissez le poids du corps sur votre assise, à droite, à gauche de manière égale. Sentez l'appui des deux pieds sur le sol, tenez votre dos bien droit, bien ferme…

À la prochaine inspiration, vous allez contracter tous les muscles de votre corps : les muscles des pieds, des jambes, des fessiers, du ventre, de la poitrine, des bras, avant-bras, des mains et du visage, comme si vous vouliez faire une grimace… Relâchez-les pendant l'expiration. Tranquillement, prenez conscience de ce moment clé de la détente pendant que votre corps se relâche.

Respirez 2 à 3 fois naturellement, puis recommencez à contracter tous les muscles de votre corps, comme précédemment… et relâchez pendant l'expiration. Sentez comme la détente s'installe progressivement dans votre corps : les jambes, les bras, la poitrine, le dos, le visage… et appréciez ce moment où vous relâchez les tensions visibles, invisibles, conscientes, inconscientes… Laissez aller, laissez-les partir avec le moment d'expiration, toutes ces tensions que vous ne voulez plus.

Soyez présent à vos sens

Le point de vue du docteur Roger Vittoz

Pour le docteur Roger Vittoz (1863-1925), notre cerveau a deux fonctions principales :

- L'émissivité concerne toute l'activité de la pensée : réflexion, imagination, jugement, souvenir, rêves, pensées obsédantes, soucis… Cet état nécessite une dépense d'énergie et amène de la fatigue s'il dure trop longtemps ;

- La réceptivité : ce sont les sensations fournies par les organes des sens : la vue, l'ouïe, l'odorat, le goût, le toucher. La réceptivité est un état naturel sans dépense d'énergie, pendant lequel le cerveau trouve le repos, la détente et l'équilibre ; par exemple, écouter un son, regarder un objet, se mettre à l'écoute de nos sensations, de notre ambiance intérieure.

La fatigue nerveuse est liée à un excès d'émissivité. Vittoz nous enseigne qu'« il faut savoir trouver la détente dans la réceptivité exacte des choses extérieures ».

Au bureau, chez vous, à tout moment de la journée, vous pouvez pratiquer quelques instants l'état de réceptivité, de présence à vous-même…

Présence à ce que vous entendez

Fermez les yeux et prenez une grande expiration ; puis écoutez tous les sons qui vous parviennent. Distinguez chaque bruit : une voiture qui passe, le rire d'un collègue, le ronron de l'ordinateur, votre respiration…

Pratiquez cet exercice pendant 20 secondes. Ouvrez les yeux, étirez-vous !

Présence à ce que vous voyez

Fermez les yeux quelques instants, prenez une grande inspiration, puis rouvrez-les lentement.

Regardez autour de vous en gardant les yeux détendus, sans chercher à voir quelque chose de précis, sans effort : regardez juste ce qui est là. Tournez la tête doucement et découvrez les choses au fur et à mesure qu'elles apparaissent dans votre champ de vision.

Si vous commencez à penser à autre chose (« Il faut que j'appelle Martine… que va-t-elle me dire ? »), revenez simplement à ce que vous voyez. Vous pouvez vous aider à rester présent en nommant les choses que vous regardez : « Je vois un classeur, je vois les couleurs de ma balle antistress… Je vois le lampadaire, je vois les nuages par la fenêtre… »

Pratiquez cet exercice pendant 20 secondes puis revenez à votre travail par une grande respiration tranquille. Étirez-vous.

Présence à votre toucher

Prenez un objet devant vous : une tasse, une balle de tennis, un stylo, un carnet… Fermez les yeux pour être le plus près possible de vos sensations. Accueillez cet objet du bout des doigts, puis dans la paume de la main. L'objet est-il léger, lourd, doux, lisse, bosselé ? Sa température, plus ou moins chaude que votre main ? Posez l'objet sur le dos de votre main, puis près de votre visage. Humez-le et accueillez son odeur s'il y en a une.

Posez l'objet, et prenez conscience de la sensation qui reste dans votre main quelques instants. Puis revenez à une grande respiration tranquille, avant d'ouvrir les yeux et de vous étirer.

Dans votre vie quotidienne, accueillir les sensations du toucher permet un lâcher prise instantané. Ainsi vous coupez court à tout discours intérieur, ce qui peut être salutaire lorsqu'il s'emballe !

Petite oasis de paix dans votre journée

Voici un exercice de relaxation brève : il dure environ 7 minutes. Vous pouvez le pratiquer pendant un moment de pause… ou le soir avant de vous endormir, ou à tout autre moment où vous sentez le besoin de vous retrouver et de vous apaiser. C'est une des relaxations préférées de nos participants.

Installez-vous confortablement sur votre siège. Prenez conscience des points d'appui de votre corps : les pieds sur le sol… votre assise sur le siège, le dos sur le dossier… Prenez le temps dont vous avez besoin pour trouver la position la plus confortable pour vous détendre, pour vous poser, vous reposer.

Si vous le souhaitez, vous pouvez fermer les yeux, maintenant ou un peu plus tard, cela n'a pas d'importance… tout simplement fermer les yeux sur le monde extérieur pour les ouvrir sur votre monde intérieur.

Sans rien modifier à votre posture ou à votre respiration, mettez-vous à l'écoute de votre souffle. Tandis que vous en écoutez le rythme, prenez conscience des parties de votre corps qui bougent, un petit peu seulement, en même temps que vous respirez. Suivez le va-et-vient de l'air qui rentre et qui sort de votre corps, tranquillement, et sentez comme ça circule librement à l'intérieur… Votre souffle est une brise légère, régulière…

Maintenant que vous vous sentez bien détendu, vous allez partir à la découverte de votre lieu idéal de paix. Ce lieu est un endroit que vous connaissez déjà, ou que vous créez maintenant, cela n'a pas d'importance. Où qu'il se trouve, c'est un endroit qui vous plaît particulièrement.

Ce lieu se présente à vous avec ses espaces géographiques limités ou illimités, ses formes, ses couleurs, sa lumière… Vous voyez tout cela, et si vous ne le voyez pas, vous l'imaginez, vous le sentez… vous savez qu'il est là.

Maintenant, percevez la vie dans cet endroit : les mouvements, les sons, les odeurs… Ce lieu vit en vous, à travers tous vos sens. Goûtez une saveur que vous aimez, touchez une matière qui vous est agréable, imprégnez-vous de l'ambiance si particulière de cet endroit. Vous savez, ce lieu possède une qualité spéciale : celle de vous apaiser.

Prenez le temps d'accueillir l'ambiance de ce lieu magique, prenez tout votre temps. Parcourez cet endroit en toute liberté, cet espace est à vous. La température est idéale… Et votre souffle continue de vous bercer tranquillement… Vous baignez dans cette atmosphère qui vous régénère.

Savez-vous que cet endroit possède un caractère magique ? Celui de répondre exactement à votre besoin du moment : du calme, du repos, de l'enthousiasme, du dynamisme… La vie de ce lieu s'adapte à votre état intérieur, et le transforme selon vos souhaits.

Cet espace privilégié est désormais le vôtre. Vous pourrez vous y rendre à volonté, pour mettre votre mental en vacance, pour vous ressourcer dès que vous en aurez envie. C'est votre oasis de paix, et vous vous y sentirez toujours en sécurité.

Vous pouvez même vous faire une photographie mentale de votre lieu magique, et vous pourrez retrouver les sensations que vous éprouvez en ce moment en vous projetant cette photo à tout moment et dans toute circonstance.

Profitez de ce moment privilégié que vous vous offrez comme un moment-cadeau… Et remerciez-vous de vous être accordé ce temps pour vous faire du bien.

Et lorsque vous le souhaiterez, vous pourrez quitter votre oasis en sachant que vous rapportez avec vous tous les bénéfices de cette relaxation, et que ces ressources vont vous accompagner pour le reste de la journée et les jours à venir.

Quand vous le voudrez, vous reviendrez à la conscience des appuis de votre corps là où il est installé. Vous pourrez remuer doucement les pieds, les mains… Commencez à remuer la tête, clignez des yeux… Avalez votre salive…

Enfin, prenez une grande inspiration et étirez-vous, baillez, soupirez.

Respirez… ne manquez pas d'air !

Inspirez… Expirez… !

Je fais pénétrer de l'oxygène dans l'espace pulmonaire, j'abaisse le diaphragme, j'augmente le volume de la cage thoracique, je dilate les poumons, je permets aux muscles du ventre de se détendre, à la paroi abdominale de se soulever et à la cavité abdominale de retrouver son volume, je masse les viscères en profondeur et vers le bas.

J'élimine de l'oxyde de carbone, j'abaisse les côtes, je détends et remonte le diaphragme, je rétrécis la cavité thoracique, je diminue le volume d'air des poumons, je permets à la paroi abdominale de s'abaisser et aux viscères de se replacer vers le haut.

L'inspiration et l'expiration sont les deux sœurs qui composent la respiration. Elle est notre meilleure amie, toujours présente (sauf peut-être sur le palier entre le cinquième et le sixième étage, le soir où l'ascenseur est en panne). Mais à part lorsqu'elle nous manque, quelle est la dernière fois où nous lui avons manifesté un réel intérêt ?

Bien sûr, notre respiration nous semble branchée sur pilote automatique. Pourtant, une bouffée de stress, provoquée par exemple par l'annonce d'une mauvaise nouvelle ou le trac avant de prendre la parole, perturbe son rythme. Avez-vous remarqué la manière dont votre souffle s'altère lorsque vous êtes énervé ?

Notre souffle est le reflet de notre état physique et psychologique. Affectée par toute agitation du mental, la respiration peut, à l'inverse, lui redonner le calme.

Voilà quelques exercices pour transformer une respiration automatique en un mouvement conscient et, ainsi, retrouver votre calme quand vous en avez besoin.

Prenez conscience de votre respiration

Faites-le là, maintenant, dans la position où vous vous trouvez en lisant ce livre. Est-elle rapide ou calme ? Ample ou superficielle ? Respirez-vous par le ventre ou par la poitrine ?

Prenez conscience de l'air qui arrive au bord de vos narines : sentez comme il est un peu plus frais quand vous inspirez, et un peu plus tiède quand vous expirez.

Tandis que vous accompagnez votre souffle, vous pouvez en même temps écouter le rythme de votre respiration. Comment est-il ? Peut-être un peu plus régulier, peut-être un peu plus lent que tout à l'heure… Libre, calme, apaisé.

L'attention au souffle suffit, elle crée les conditions pour que la respiration se régule d'elle-même. Savourez cet apaisement, ce moment cadeau.

Respirez par le ventre

En position assise ou allongée, posez les mains sur le ventre de chaque côté du nombril. Inspirez lentement en gonflant le ventre, et expirez profondément en rentrant lentement votre ventre. Répétez plusieurs fois et sentez bien votre ventre bouger sous vos deux mains. Observez comment le calme revient.

La respiration au carré
(pour ceux qui ont plus d'aisance dans la respiration)

Assis, prenez conscience de votre respiration. Puis inspirez profondément pendant 4 secondes, pratiquez un temps d'arrêt poumons pleins pendant 4 secondes, expirez pendant un temps équivalent puis pratiquez un temps d'arrêt poumons vides pendant 4 secondes. À chaque fois représentez-vous mentalement ce mouvement de la respiration, comme si vous réalisiez un carré.

Pratiquer la respiration au carré va vous permettre de faire le vide et de retrouver votre concentration.

Pour vous dynamiser et refaire le plein d'énergie

Debout, les pieds bien à plat, inspirez, faites une rétention d'air poumons pleins et faites des mouvements rapides des épaules de haut en bas pendant 10 secondes. Puis expirez et relâchez totalement les épaules. Appréciez la sensation de détente, observez les nouvelles sensations…

Effectuez cet exercice trois à quatre fois. Pour les plus sportifs, vous pouvez également sautiller sur place !

Baillez !

« Un bon bailleur en fait bailler sept. »

Sagesse populaire

En baillant, on se détend car bailler, c'est faire une grande expiration… Et l'expiration nous amène à relâcher nos muscles. Ce geste, que nous accomplissons souvent malgré nous, permet aussi d'éliminer les tensions et d'oxygéner le cerveau. Tout ça ! Et même plus, un bâillement active les glandes lacrymales : les petites larmes que nous sécrétons lorsque nous baillons humidifient nos yeux, ce qui est excellent.

Entraînement

Asseyez-vous confortablement (calez-vous bien sur votre siège), puis fermez les yeux. Décontractez-vous et respirez quelques secondes. Prenez une grande inspiration par la bouche, puis laissez venir le bâillement : il vient tout seul (pas la peine de mettre la main devant la bouche !). Répétez l'exercice et finissez en vous étirant…

Appréciez le relâchement de vos muscles et cette onde qui parcourt votre visage et votre corps.

Et voilà, vous avez fait le plein d'énergie !

Offrez-vous (au moins) un plaisir par jour

« Je veux connaître tous les plaisirs pour qu'ils me ramènent à moi. »

Angèle Ntyugwetondo Rawiri, romancière gabonaise

Certains jours, le ciel est bas à l'extérieur comme à l'intérieur ; rien ne se passe comme on voudrait. Et pourtant, même en ces jours moroses, nous conservons une latitude d'action sur une foule de petites choses susceptibles d'éclairer notre vie quotidienne.

Petite liste de plaisirs simples

Voilà une liste non exhaustive de plaisirs simples qui peuvent ensoleiller une journée ; ils ne révolutionnent pas la vie mais apportent un peu de bien-être et de détente :

- Sur votre ipod, votre diskman ou chez le disquaire du coin, écoutez une musique que vous appréciez ;
- Faites un détour par le kiosque pour acheter votre magazine ou votre quotidien préféré ;
- Marchez quelques mètres de plus pour aller à la meilleure boulangerie du quartier ;
- Lorsque vous marchez dans la rue, levez le nez : appréciez l'architecture des bâtiments, souriez à une publicité rigolote, rêvez devant la décoration des vitrines… ;
- Asseyez-vous à une terrasse de café pour y savourer votre boisson préférée, lire le journal ou regardez les passants ;
- Offrez-vous un massage ;
- Prenez le temps de câliner vos enfants ou vos proches ; de caresser votre chat, de promener votre chien ;

▶▶▶

- Jardinez… surveillez jalousement vos plantes, taillez-les, enlevez les mauvaises herbes… Profitez du parfum des roses ;
- Prévoyez une sortie avec des amis : un dîner, un concert ;
- Croquez un petit carré de chocolat.

Et vous ?

Quels petits plaisirs sont à votre portée, chaque jour ? Dressez-en la liste. Lequel allez-vous vous offrir demain ?

Accordez-vous une sieste

Passé l'âge de 4 ans, et avant 70 ans, la sieste en France est plutôt mal vue – et dans le milieu professionnel, n'en parlons pas ! Certains l'assimilent à une régression, pour d'autres, elle évoque des signes de vieillissement ou, pire, une manifestation de paresse. Et pourtant, faire la sieste à tous les âges de la vie est prôné par de nombreux spécialistes du sommeil. La sieste permettrait de réduire le nombre d'accidents de la circulation et d'augmenter la productivité pendant le reste de la journée.

Après le déjeuner, nous avons souvent une période de moindre vigilance : la respecter, se respecter est vivement recommandé… que ce soit sous forme de sieste avec un vrai sommeil, ou de pause, même brève, ou encore de relaxation ! Tout est affaire d'âge et de rythme chrono-biologique (et de rythme d'activité). L'important est de débrayer au bon moment, pour repartir en meilleure forme. Accordez-vous ce droit…

La sieste flash

Elle vous permet de récupérer en 2 minutes : fermez les yeux, expirez lentement, baillez à volonté… relâchez les épaules, le front, les mâchoires. Laissez venir des images agréables. Vous pouvez faire une sieste flash à peu près n'importe où : dans les transports en commun, en attendant avant un rendez-vous.

La sieste relax

Si vous disposez d'une plage de temps plus importante, par exemple 15 ou 20 minutes après le déjeuner, prévenez votre entourage ou éclipsez-vous discrètement pour faire une vraie sieste.

Les huit clés d'une sieste réparatrice

- **Déculpabilisez.** La sieste nous rend plus efficace. La preuve, de nombreux *big boss* s'y adonnent, sans parler des hommes politiques, des artistes, bref des personnes qu'on aurait du mal à qualifier de paresseux !

- **Choisissez votre moment.** Le créneau entre 13 et 16 heures est, *a priori*, le plus naturel pour faire la sieste. Quant à la durée, tout dépend du temps dont vous disposez... Vous pouvez opter pour la sieste flash (de 2 à 5 minutes) : il s'agit de mettre à profit des périodes de temps habituellement inutilisées, afin de récupérer son énergie et se remettre en forme, par exemple juste avant un rendez-vous ou dans les transports. Après le déjeuner, la sieste relax, de 15 à 20 minutes, vous redonne de l'énergie pour l'après-midi ; et le week-end, vous pouvez vous offrir une « sieste royale ».

- **Trouvez votre lieu.** Au travail, c'est plus pratique si vous avez un bureau pour vous seul.

- **Inventez votre rituel.** Diminuez l'intensité de la lumière, décrochez le téléphone ou passez sur messagerie, le cas échéant baissez le store, sans cependant vous mettre dans l'obscurité totale... Et n'oubliez pas de programmer un réveil !

- **Trouvez la bonne position,** une position qui vous amène le maximum de confort.

- **Soignez votre respiration.** Fermez les yeux, inspirez et expirez lentement 5 à 10 fois... Laissez venir les bâillements... Ralentissez progressivement le rythme de votre respiration.

- **Visualisez.** Utilisez les images mentales, favorisez des paysages de détente, de calme... un ciel étoilé, un voilier sur une mer calme, le sourire d'un enfant...

▶▶▶

- **Réveillez-vous en douceur.** Les yeux encore fermés, faites 3 inspirations profondes en expirant très lentement. À la première, remuez vos orteils, vos doigts, votre tête, votre nuque. À la seconde, étirez vos bras et vos jambes. À la troisième, étirez l'ensemble du corps. Puis ouvrez les yeux, embrassez votre environnement du regard, souriez et retournez à votre travail !

Pour les plus récalcitrants, pas de panique ! Même si, au début, vous n'arrivez pas à vous relaxer, donnez-vous un temps de repos. Le simple fait de fermer les yeux en ralentissant la respiration aide à récupérer et vous relaxe. Même si vous ne dormez pas et que vous entendez tout ce qui se passe autour de vous, la sieste est bienfaisante.

Adoptez la *smile attitude*

« Le bon moment pour rire : chaque fois que l'on peut. »

Linda Ellerbee, journaliste et romancière américaine

Vous rappelez-vous de votre dernier fou rire, un rire à vous couper le souffle, où vous avez pleuré tellement il était irrésistible ? Enfants, nous pouvions rire jusqu'à 300 fois par jour, mais adulte on ne s'accorde que 10 à 15 rires quotidiens… Et encore ! Dans les années cinquante, les Français riaient en moyenne 20 minutes par jour ; en 2000, ils ne riaient plus que 5 minutes par jour. Et aujourd'hui ? Combien de fois avez-vous ri ?

De quoi a-t-on peur ? De passer pour ridicule, bébête, ou irrévérencieux. Nous avons peur aussi de nous abandonner : car le rire suppose un abandon. C'est d'ailleurs par la magie de cet abandon que le rire nous détend tellement. Quelque chose se dénoue ; ensuite, on se sent soulagé, détendu, prêt à voir la vie en rose. Que s'est-il passé ?

Pourquoi le rire est-il bon pour la santé ?

Dans une communication présentée à la conférence annuelle de l'American College of Cardiology le 7 mai 2005, le chercheur Michaël Miller a expliqué que le rire agit sur l'endothélium c'est-à-dire la paroi interne des veines et artères. Selon lui, cette dilatation des vaisseaux mesurée un quart d'heure après le rire est comparable à celle d'une personne qui vient de pratiquer de l'aérobic (les crampes musculaires en moins). Le rire favorise la sécrétion par le cerveau d'endorphine, « l'hormone du bien-être ». Elle agit comme un euphorisant naturel.

Quand nous rions :

- Les muscles se tendent puis se relâchent ;
- Le rythme cardiaque commence à s'accélérer puis ralentit ;
- La tension artérielle s'accroît légèrement, puis diminue considérablement une fois qu'on a retrouvé son calme ;
- On combat les effets du stress (une minute de rire équivaut à une relaxation !) ;
- Le rire est un excellent massage pour les organes digestifs, et un bon exercice pour détendre les muscles du visage, le cou, la gorge, les poumons.

Le rire est un vrai jogging de l'intérieur ! Le rire transforme notre attitude envers la vie et nous rend plus optimiste, il rend les contacts humains plus faciles. N'avez-vous pas remarqué comme une situation un peu scabreuse ou critique pouvait être dédramatisée si on prenait le parti d'en rire ?

« Nous ne rions pas parce que nous sommes heureux, nous sommes heureux parce que nous rions », affirme le docteur Madan Kataria. Convaincu des bienfaits du rire sur la santé et alarmé par la sinistrose, ce médecin indien a cherché (et trouvé) les moyens d'y remédier : en 1995, il a fondé son premier club de rire dans un jardin public de Bombay. Aujourd'hui, plus de 2 000 clubs de rire ont fleuri partout dans le monde. *« On y rit de soi, on rit avec les autres, mais jamais des autres »*, telle est la devise de ce club.

À vous de jouer

Voilà quelques trucs pour vous remettre à rire :

▶ Tapez dans vos mains sur le rythme 1-2/1-2-3 en chantant : « Ho-ho, ha-ha-ha… » Quand vous aurez fini, vous rirez. De vous !

▶ Le rire du bonjour : serrez les mains de votre partenaire, regardez-le dans les yeux quelques instants et riez bouche fermée ;

▶ Le rire du milk-shake : imaginez un verre dans une main, un verre dans l'autre main. Versez le contenu du premier verre dans le second… puis le second dans le premier… levez la tête, pouce de la main droite vers la bouche… Et oui, vous riez !

▶ Tentez d'imiter un rire gras, un rire strident, un rire sourd, puis testez le rire à gorge déployée.

Si vous avez des enfants avec vous, partager ces exercices avec eux décuplera votre rire à coup sûr.

Vous pouvez également avoir recours aux « experts » : pourquoi ne pas aller voir de temps en temps un spectacle d'humoriste ? Raymond Devos, Anne Romanof, Muriel Robin, Gad Elmaleh, Shirley et Dino, Bigard (ou louer la cassette de leur spectacle) ?

Dans le registre des comédies, vous pouvez vous fier aux grands classiques de Fernandel, Louis de Funès ou Bourvil, sans parler des *Bronzés*, des *Visiteurs*, ou de *La vérité si je mens*. Les Américains réalisent aussi des comédies désopilantes. Osez vous laisser aller !

Préparez votre nuit de sommeil

> *« Dormir ! Renouer la vie passée à la faveur des rêves… »*
>
> Étienne Tanty, *Paroles de poilus*

Qu'est-ce qui fait que nous dormons mal, que nous avons parfois du mal à nous endormir ou que nous nous réveillons en pleine nuit ? La journée s'est mal passée, on a peur du lendemain, notre digestion est laborieuse… Notre cerveau conscient n'arrive pas à lâcher prise. Peut-être aussi nos journées nous semblent-elles trop courtes : adultes ou même adolescents, nous sommes toujours en train de courir après le temps ! Alors si nous dormions moins, nous aurions plus de temps pour agir, plus de temps pour nous... Le sommeil est parfois considéré comme du temps perdu, gâché, improductif, gaspillé... Un leurre !

Le sommeil est réparateur

Le sommeil n'est pas le royaume du néant et du désordre ; il est organisé comme un ballet minutieusement réglé. Si certaines fonctions sont en veilleuse, c'est pour permettre à d'autres d'accomplir un immense travail dont ni notre corps, ni notre psychisme ne peuvent faire l'économie.

Au moment de l'endormissement, le cerveau conscient passe le relais aux cerveaux anciens qui ont pour mission de « nettoyer la machine », réparer les avaries, favoriser la cicatrisation, restaurer l'équilibre psychologique... La liste des bienfaits du sommeil ne s'arrête pas là : il y a aussi le fait que notre esprit inconscient éclaire les problèmes sous un jour nouveau : il stimule l'imagination et excite la mémoire, notamment sous forme de rêves.

Ce qui se passe quand nous dormons

La qualité de notre sommeil n'est pas identique de l'endormissement au réveil. Le début de la nuit est riche en sommeil profond, alors que la fin est occupée essentiellement par du sommeil léger et paradoxal. Cette asymétrie explique la qualité des éveils provoqués en cours de nuit. Ainsi, si la sonnerie du téléphone retentit une heure ou deux après que nous nous sommes endormis, nous avons l'impression d'émerger du fond de l'abîme. Que c'est dur alors de rassembler ses idées ! Réveillés en fin de nuit en revanche, nous serons plus facilement présents et attentifs.

De l'endormissement au réveil, une nuit se décompose en cinq stades de sommeil qui s'organisent dans une succession de quatre à six cycles par nuit (selon la durée de notre nuit). Un cycle dure en moyenne 90 minutes.

▶ ▶ ▶

- Lorsque nous nous endormons, nous entrons dans les phases de **sommeil léger**, lent, qui représentent environ 50 % du temps de sommeil total. Ces deux phases sont appelées l'endormissement et le sommeil léger. L'endormissement est la transition entre l'état d'éveil et l'état endormi. Le sommeil léger est un stade où le sommeil est confirmé, et pourtant 50 % des « bons » dormeurs et 80 % des « mauvais » dormeurs ont l'impression de ne pas dormir. Durant cette phase, le cerveau ralentit, la respiration devient régulière, mais nous percevons encore vaguement les bruits extérieurs (le voisin du dessus qui ferme sa porte bruyamment, la mobylette qui pétarade dehors, la télévision dans une pièce voisine) ;

- Puis viennent les deux phases suivantes qui représentent le **sommeil lent, profond**. Il occupe 20 % à 30 % du temps de sommeil, et sa durée est pratiquement constante, autour de 100 minutes, quelle que soit la durée du temps passé à dormir. Le sommeil profond et le sommeil très profond sont des états dont on émerge difficilement. Un réveil brutal peut provoquer un comportement confusionnel ou automatique, identique à celui d'un somnambule. C'est le moment privilégié de la sécrétion d'hormones de croissance chez l'enfant, et de la reconstitution des réserves énergétiques chez l'adulte. C'est le sommeil qui permet à notre corps de récupérer ;

- La dernière phase est le **sommeil paradoxal**. Il représente environ 20 % du temps endormi. On l'appelle « paradoxal » car le cerveau est alors le siège d'une activité électrique proche de celle de l'éveil. Cette période s'accompagne de mouvements oculaires rapides, provoqués par les ondes du cerveau, tandis que le corps reste immobile. Ses fonctions principales sont le maintien de notre équilibre psychique et le processus de mémorisation. C'est le moment où l'on récupère de la fatigue nerveuse. Pendant le sommeil paradoxal, notre inconscient nous envoie des messages avec son langage de symboles et métaphores : ce sont les rêves. Notre inconscient est un vaste réservoir de ressources, il est artiste, inventeur, plus savant, plus fécond, plus puissant, plus clair-

▶ ▶ ▶

▶▶▶

> voyant que notre esprit conscient. Il apporte à notre vie consciente une aide de grande valeur ! Grâce à lui, une mystérieuse sagesse nous visite pendant la nuit.

Préparez-vous à lâcher prise

Le jour, Antoine est anesthésiste. Son métier : endormir, puis réveiller ceux qui vont « subir » une opération, afin qu'ils ne souffrent pas pendant qu'on les opère.

La nuit, Antoine est insomniaque : il ne parvient pas à s'abandonner au sommeil. Quelque chose en lui persiste à vouloir contrôler ce qui se passe autour du sommeil et du réveil ; une force intérieure résiste à l'endormissement. Il connaît les risques encourus par ses patients lors d'une anesthésie.

Nous sommes nombreux, de temps à autre ou de manière récurrente, à ne pas trouver le sommeil. Qu'est-ce qui nous en empêche ?

▶ Les soucis de la journée qui prennent toute la place et nous inquiètent au point que nous ne parvenons pas à nous tranquilliser. Cette insomnie qui sévit au moment de l'endormissement n'est pas la même que celle qui nous réveille en sursaut à 4 heures du matin, les jours où l'on a une échéance un peu stressante : impossible de se rendormir, les angoisses tournent en rond dans la tête ;

▶ Pour certains, la nuit est le seul moment où ils peuvent être « peinards » : une plage de liberté infinie sans personne sur le dos, ni le patron, ni le conjoint, ni les enfants... Du coup, ils « refusent » d'aller se coucher, repoussent le moment de l'endormissement pour étirer le plus possible le temps de liberté... Et cela n'a rien à voir avec le fait d'aimer dormir ou pas ;

▶ Enfin, à l'instar d'Antoine, certaines personnes sont terrorisées par l'abandon dans le sommeil : que va-t-il se passer pendant que je ne serai plus « là » ?

Dans tous les cas de figure, dur, dur de se réveiller le matin et d'envisager une nouvelle journée avec cette mauvaise nuit derrière soi !

Lâcher prise, ce n'est pas naturel pour tout le monde ; et bons dormeurs ou pas, nous avons tous des moments de stress où nous endormir devient un problème. C'est pourquoi il est utile, chaque soir, de nous préparer à entrer dans la nuit.

Douce nuit

Voilà plusieurs suggestions, qui pourront devenir des rituels, en vue de lâcher prise progressivement et vous aider à vous endormir :

- Ne vous couchez pas trop tôt, ainsi vous éviterez de terminer votre nuit... au milieu de la nuit ;

- Devenez « accro » aux tisanes : tilleul, verveine, fleur d'oranger, un verre de lait chaud avec une cuillère de miel... Ces boissons sont chaudes : la chaleur apaise ; le goût, amer au début, devient vite agréable. Et le rituel qui s'installe est un repère qui rassure (un peu comme les histoires du soir pour les enfants) ;

- Prenez un livre qui vous détend, écoutez un morceau de musique qui vous berce ;

- Laissez la télé dans une autre pièce : la télévision dans la chambre à coucher est une ennemie du sommeil !

- Le soir, favorisez les dîners légers... Les Japonais ont un excellent sommeil car ils mangent très peu le soir. « Le matin, c'est le repas du roi ; à midi, le repas du prince ; et le soir, le repas du pauvre », nous disent les nutritionnistes ;

- Aérez votre chambre : lorsque vous dormez, la température doit atteindre 20 °C maximum, dans une chambre ventilée. En revanche, tenez vos pieds au chaud, le froid gêne le sommeil. Vivent les chaussettes et les bouillottes de grand-mère !

- Prenez une douche tiède pour nettoyer votre corps de toutes les scories accumulées dans la journée ; l'eau qui coule sur votre peau et disparaît dans la bonde évacue aussi les soucis ;

- Avant d'aller vous coucher, rire un bon coup permet de chasser les angoisses et de s'endormir apaisé.

Voici deux exercices pour mieux vous aider à préparer une bonne nuit de sommeil.

Les tensions dans le poing

Prenez le temps de vous poser sur votre siège, ou dans votre lit, et prenez conscience de vos points d'appui : la tête, le dos, les fessiers, les jambes, les pieds… et de votre respiration.

Lorsque vous le souhaitez, vous inspirez ; puis, en retenant l'air dans vos poumons, vous serrez très fort le poing droit avec l'idée de ramasser dans ce poing toutes les tensions de votre journée : elles ne vous servent à rien ce soir puisque vous vous préparez à vous endormir ! Gardez-les dans votre poing une à deux secondes. Puis relâchez le poing en expirant, et laissez les tensions s'échapper avec l'expiration. Vous avez le choix : soit vous relâchez progressivement en expirant lentement, soit vous relâchez d'un seul coup.

Et vous récupérez quelques secondes. Sentez votre respiration reprendre un rythme naturel… et votre visage doucement se détendre.

Recommencez ces gestes avec l'autre poing, en respectant bien la phase de récupération pendant laquelle votre respiration devient régulière et tranquille : c'est le moment essentiel de l'exercice.

Pour finir, refaites ces mouvements avec les deux poings en même temps : vous inspirez, puis, en retenant l'air, vous serrez très fort les deux poings avec l'idée d'aller chercher au fond de vous les dernières poussières de tension qui subsistent encore (« vous êtes encore là, vous ? »). Ramassez-les dans vos deux poings puis, à l'expiration, vous relâchez vos poings et laisser les poussières de tension s'évacuer.

Maintenant, vivez les sensations de calme… de récupération… et laissez-vous aller quelques instants dans cette sensation de liberté.

La péniche s'éloigne chargée de vos soucis

Installez-vous le plus confortablement possible, dans votre lit. Faites quelques respirations profondes en prenant conscience des parties de votre corps qui sont les plus tendues : à chaque respiration, envoyez des bouffées d'oxygène à ces parties tendues pour les détendre.

Prenez conscience de vos préoccupations du moment, celles qui s'incrustent dans votre tête. Décidez de les ranger, symboliquement, dans un grand coffre fermé.

Vous installez ce coffre sur une péniche et larguez les amarres.

Imaginez que la péniche s'en va au fil de l'eau, emportant ces préoccupations pour lesquelles vous ne pouvez rien faire durant la nuit. Il sera bien temps de les retrouver demain matin… Vous pourrez vous en occuper avec une énergie et des idées neuves, rafraîchies par le sommeil.

À mesure que la péniche s'éloigne avec le coffre, vous vous sentez devenir de plus en plus léger. Prenez conscience de la façon dont vous respirez… Votre souffle n'est-il pas devenu plus ample, plus léger ? Centré sur le moment présent, savourez le repos… Vous vous rendez disponible pour un sommeil réparateur.

Avant d'aller plus loin

« Pourquoi avoir attendu si longtemps » se disent toutes les personnes qui reprennent une activité physique, aussi légère soit-elle, après avoir été un « roseau pensant et émotif » ?

Et vous ? Si vous preniez de nouvelles habitudes : vous rebranchez sur votre corps, l'écoutez, lui donnez du mouvement…

Une fois que vous aurez franchi le pas, vous serez surpris de constater à quel point vous diminuez votre stress et devenez plus efficace.

Chapitre 5

Pilotez vos émotions

« L'émotion est ce moment où l'acier rencontre une pierre et en fait jaillir une étincelle. Point de passage de l'obscurité à la lumière, ni de l'inertie au mouvement sans émotion. »

Carl Gustav Jung

Notre société laisse peu de place pour exprimer nos émotions... Quand je ris, on me rabroue : « Ris moins fort... Et ça te fait rire... ? On ne rit pas de ça ! » Quand je pleure, on me fait honte : « Serre les dents... Tu t'écoutes trop... ! Tu es vraiment trop émotive ! » Quand je me mets en colère, on me dit : « Les femmes, toutes des hystériques ! » Quand j'ai peur, on me rabaisse : « Poule mouillée... Tu te dégonfles ? » Etc. Ces réflexions viennent des autres, mais nous finissons par les intégrer et par nous autocensurer.

Pourtant, les émotions sont notre pain quotidien. Quoi faire de cette peur qui nous empêche de prendre une décision ? De cette tristesse qui nous donne envie de pleurer à tout bout de champ ? De cette colère qui bouillonne ? Et comment cultiver et nous autoriser à exprimer la joie qui nous fait avancer ?

L'objectif de ce chapitre est de nous reconnecter avec nos émotions : les identifier, comprendre le signal qu'elles nous envoient, apprendre à nous en servir pour avancer plutôt que les laisser nous inhiber.

© Groupe Eyrolles

Avant de commencer

Voici une liste d'« émotions ». Lesquelles éprouvez-vous le plus souvent ? Entourez-les.

Inquiet	Déçu	Agacé	Gai
Indécis	Désolé	Énervé	Enthousiaste
Soucieux	Désappointé	Exaspéré	Content
En proie au trac	Triste	Impatient	Calme
Ébahi	Peiné	Fâché	Tranquillisé
Timide	Découragé	Renfrogné	Charmé
Incertain	Désenchanté	Indigné	Attendri
Hésitant	Abattu	En colère	Émerveillé
Craintif	Affligé	Amertume	Ébloui
Anxieux	Mélancolique	Contrarié	À l'aise
Angoissé	Nostalgique	Mécontent	Joyeux
Paniqué	Désespéré	Hostile	Confiant
Effrayé	Dépressif	Irrité	Déterminé
Apeuré	Pessimiste	Hargneux	Plein d'espoir
Épouvanté	Plaintif	Furieux	Optimiste
Sidéré	Morose	En rébellion	Euphorique
Terrifié	Sombre	Révolté	Amoureux
Glacé	Timide	Rageur	Motivé

Ce tableau représente les quatre grandes familles d'émotions :

▶ La peur ;

▶ La tristesse ;

▶ La colère ;

▶ La joie.

Au vu des émotions entourées dans la grille, quelles familles d'émotions fréquentez-vous le plus ?

Nous allons vous proposer quelques outils permettant de vivre avec vos émotions de manière plus confortable.

Qu'est-ce qu'une émotion ?

Une émotion : un mot abstrait… Avez-vous déjà vu courir la joie ? La colère ? Le rire, les cris, les larmes sont des outils physiques pour *exprimer* nos émotions, c'est-à-dire pour mettre dehors la pression qui est dedans.

Si on pratiquait un micro-trottoir en demandant aux passants : « Les émotions, qu'est-ce que cela vous évoque ? », voici certaines des réponses que l'on pourrait recueillir :

> « Un coup au cœur rapide et intense. »

> « Une émotion, c'est quand je me mets à bafouiller, à ne plus trouver mes mots. »

> « Lorsque je vois mon patron s'agiter dans tous les sens, je sais qu'il s'est levé du mauvais pied. »

> « Il ne faut surtout pas mélanger travail et sentiments. »

> « Si je montre ce que je ressens, je vais passer pour un faible. »

> « Les émotions, ça m'empêche de réfléchir. »

**Souvent, nous confondons l'émotion
avec les comportements qui en résultent.**

Un mouvement de vie

Gilles attend sa fiancée sur le quai de la gare : elle revient d'un voyage qui a duré une semaine. Les premiers passagers descendent, elle n'est pas parmi eux. Son ventre se noue, une goutte de sueur perle sur sa tempe. Et si elle n'était pas dans ce train ?

Mais si ! Enfin, elle descend du wagon ; en la voyant s'élancer vers lui, Gilles sent son cœur qui bat à 200 à l'heure. Le rythme de sa respiration s'est accéléré. Il éprouve une grande chaleur dans la poitrine et les mains ; ses joues sont toutes roses.

Cela le change de cet après-midi. Il avait convenu d'un rendez-vous avec un collègue pour commencer un travail important, le collègue n'est jamais arrivé. Gilles a consulté ses messageries téléphoniques et e-mails : pas un message, il ne l'a même pas prévenu. Gilles, alors, a ressenti des tensions dans les mâchoires. Ses sourcils étaient froncés de colère, ses poings serrés.

Et vous ?

Pensez à une interaction plaisante que vous avez eue récemment avec une personne que vous aimez. Que se passe-t-il dans votre corps ? Que ressentez-vous ? Une sensation de légèreté, une sensation d'ouverture quelque part dans votre thorax ? Un changement de température, plus de chaleur, plus de fraîcheur ? Et votre respiration ? Le rythme de votre souffle s'est-il modifié ?

Maintenant pensez à une discussion déplaisante que vous avez eue, avec, par exemple quelqu'un avec qui vous travaillez. Que se passe-t-il dans votre corps ? Retenez-vous votre respiration ? Qu'est-ce qui provoque cela ? Est-ce une pression dans la poitrine, une contraction dans votre gorge ? Éprouvez-vous un sens du froid dans la nuque ? Ou toute autre sensation ?

L'émotion ressemble à un mouvement de vie qui circule à l'intérieur de notre corps, auquel on a donné un nom ; une réaction soudaine de notre organisme, qui s'accompagne de sensations de courte durée.

**Accueillez ces mouvements de vie ; reprenez contact
avec vos sensations ; apprenez à lire le langage de votre corps :
vous commencez à comprendre à quel point il est connecté
avec les émotions.**

Pour apprendre à lire à l'intérieur de soi

Vous êtes en train de lire ces lignes : arrêtez-vous un instant pour écouter votre corps. Nommez les sensations que vous éprouvez, qui peuvent être des picotements dans la jambe droite, une tension dans le mollet, des tiraillements dans le bas du dos, le ventre qui se soulève pendant que vous respirez, le cœur qui bat...

Lorsque vous avez sommeil, quels messages vous envoie votre corps ? Le marchand de sable passe peut-être dans vos yeux, vos paupières deviennent lourdes...

Prenez juste une minute pour écouter ce que votre corps vous dit.

Écouter le langage de notre corps, c'est reprendre un peu de contrôle sur la situation. L'émotion n'est plus un extraterrestre qui nous saute dessus par surprise, mais un allié qu'il nous appartient d'apprivoiser !

Une réaction à un stimulus

L'émotion va bien au-delà d'un simple ressenti : « Le sang reflue à mon visage, ma gorge se noue... Un étau me serre la poitrine. » Quelque chose l'a déclenchée : un stimulus, un élément particulier sont perçus par mon cerveau limbique, et cela entraîne des comportements qui sont perceptibles depuis l'extérieur.

Le cerveau limbique

Le cerveau limbique est le siège de nos émotions et de la mémoire. Il classe les expériences nouvelles, filtre les informations transmises au cortex selon le plaisir ou le déplaisir qu'elles sont supposées nous apporter. Il ignore les mots, ne comprend pas la logique.

« Ciel mon mari ! », pense Brigitte alors que les pneus de la voiture font crisser le gravier de l'allée. Ce bruit – l'élément déclencheur – provoque des pensées plus ou moins conscientes, puis des sensations : palpitations, sueur, tremblements... Ces sensations se traduisent par des comportements que les autres peuvent percevoir : elle fait la moue, se mord les lèvres, s'agite... Pour se donner une contenance, Brigitte défroisse sa robe et se recoiffe...

Car le mot émotion vient du latin *e-movere* : être en mouvement vers. Ce mouvement est celui qui se produit à l'intérieur pour nous pousser à retrouver un équilibre interne. Ainsi, les émotions nous préparent à l'action.

Une des manières de rétablir le calme, c'est d'accueillir ces sensations, ces mouvements de vie, qui nous disent quelque chose d'utile.

Une émotion a une durée de vie très courte : 3 à 4 minutes. Elle se déploie en trois temps : charge, tension et décharge. La perception du déclencheur et son interprétation par notre cerveau déclenchent la charge de l'émotion. Des hormones spécifiques sont libérées, le corps se met en tension et mobilise toute son énergie pour agir, fuir ou se recroqueviller sur lui-même, puis vient la décharge qui permet au corps de revenir à son équilibre en mettant la pression à l'extérieur : c'est l'*ex-pression*.

L'émotion est déclenchée par un stimulus externe (quelque chose que vient de l'extérieur) ou interne (nos souvenirs, nos pensées, nos représentations mentales). Elle passe par le corps et nous donne une information sur nous : cette information est destinée à restaurer un climat intérieur agréable.

Prenez la température de votre climat intérieur

La prochaine fois que vous serez témoin d'une scène où il y a un enjeu émotionnel (par exemple, votre manager vous fait une remarque désagréable ; toujours au bureau, vous assistez malgré vous à une scène où votre voisin s'énerve contre son assistante...), observez l'émotion que cette scène déclenche en vous.

Que se passe-t-il en vous lorsque vous êtes ému ? Quelle est l'ambiance intérieure ?

- Observez les parties de votre corps dans lesquelles les tensions se manifestent : poitrine, mâchoires, sourcils, yeux, dos...

- Accordez une attention toute particulière à votre souffle : la respiration est très bavarde, et nos émotions sont en lien direct avec elle. Avez-vous déjà remarqué comment vous respirez lorsque vous êtes énervé ? En général, le souffle est saccadé, irrégulier, court...

Retrouvez votre calme en vous mettant à l'écoute de votre respiration

Dans la position dans laquelle vous êtes, redressez votre dos puis mettez-vous à l'écoute de votre respiration... observez ce qui bouge à l'intérieur lorsque vous respirez. Pendant quelques instants suivez le trajet de l'air qui entre et sort de vos poumons, amenez maintenant votre conscience au bord des narines pour accueillir l'air qui arrive, et sentir l'air qui s'en va... et laissez faire....

Peu à peu observez comme votre respiration devient plus calme. Son rythme s'est sans doute ralenti un peu, est devenu plus régulier...

Avant l'effort, atténuez les effets du trac

Avant de prendre la parole en public, avant une réunion importante ou un entretien difficile, prenez quelques instants pour prendre conscience de votre respiration, et allongez progressivement vos temps d'expiration... Ceci vous permet d'installer un rythme respiratoire plus régulier et diminue les effets du trac.

Écoutons le message de nos émotions

« Les passions s'expliquent par quelque déséquilibre de la mécanique, quelque tension dans les câbles, ou quelque concentration de ses humeurs que l'âme perçoit comme la volonté du corps. »

René Descartes

Nos émotions sont des messagers qui, comme des radars, nous donnent des informations utiles à l'action. Elles sont avant tout nos alliées car elles nous indiquent un besoin à nourrir.

Revenons sur chacune de ces quatre grandes familles d'émotions.

La peur nous signale un danger

Antoine conduit sa voiture sur l'autoroute, il roule un tout petit peu au-dessus de la limite autorisée... Mais lorsque dans son rétroviseur il aperçoit des motards de la gendarmerie, automatiquement il lève le pied de l'accélérateur. Sa peur du gendarme le protège d'un excès de vitesse !

Sylviane doit rencontrer son nouveau directeur pour lui présenter le bilan des actions qu'elle a menées. Elle a l'estomac serré, la bouche sèche... L'appréhension de ce rendez-vous l'a conduite à le préparer et à se préparer encore plus que d'habitude : sa présentation est particulièrement soignée, et elle porte la montre offerte par ses enfants. Ce bijou qu'elle aime la rassure, lui donne confiance en elle.

La peur nous parle d'un danger, elle nous informe que l'un de nos besoins (la sécurité) est menacé. Son rôle est de mettre nos sens en alerte : l'ouïe se fait plus fine, la vision plus nette, les poils se dressent pour capter le moindre frémissement du vent ! Ainsi, notre corps se tient prêt à réagir dès que le danger se présentera.

Comme le dit le dicton populaire, « la peur n'évite pas le danger », mais elle nous met en garde : « Fais attention ! » Sa fonction utile est de nous alerter et de nous pousser à agir pour assurer notre sécurité. Lorsqu'il est anticipé, le risque encouru est moins important.

La peur est donc cette ressource qui nous permet d'augmenter notre niveau de vigilance. Certaines peurs sont ressenties bien avant que les événements ne se produisent : on parle alors de trac, parfois même d'anxiété (l'anticipation d'un danger à venir ou supposé). Lorsque l'anxiété devient chronique, et qu'elle est déconnectée de tout danger réel, c'est un appel pour un soutien ponctuel.

Et vous ?

Pensez à une situation dans laquelle vous avez eu peur. De quoi concrètement avez-vous eu peur ? Quelle était la part d'inconnu dans cette situation ? Était-ce un danger réel ? Un danger imaginaire ? Comment cette peur vous a-t-elle aidé à faire face à la situation ? Qu'avez-vous fait pour vous rassurer ?

La tristesse nous aide à accepter la perte

Pierre s'est investi dans un projet professionnel qui n'a pas obtenu les résultats attendus.

Lucienne vient d'apprendre le décès d'une amie qu'elle aimait beaucoup.

La tristesse est cette souffrance déclenchée par la perte d'un objet, d'un espoir, d'un être cher, de la santé… La perte est parfois provisoire (déménagement, maladie, dispute) ou définitive (décès, licenciement, échec à un concours, rupture amoureuse).

La fonction de la tristesse est de nous donner du temps pour dire « au revoir ». La tristesse va accomplir ce travail de réparation qui permet l'acceptation de la réalité. C'est une étape utile face à la situation rencontrée, source de réflexions, de souvenirs et de compréhension des choses.

Et vous ?

Pensez à une situation dans laquelle vous avez éprouvé de la tristesse. Qu'est-ce qui a engendré votre tristesse ? Qu'est-ce qui vous manque ? De quoi êtes vous privé ? Avez-vous trouvé des oreilles bienveillantes pour écouter votre peine ? Qu'avez-vous fait pour trouver du réconfort ?

La colère nous pousse à défendre notre territoire

Paul a passé une partie de son week-end à réaliser un travail que lui a demandé son patron. Le lundi, il lui apporte fièrement son dossier... pour s'entendre annoncer, d'un air nonchalant : « Finalement, je n'en ai plus besoin. » La mâchoire de Paul se contracte, ses sourcils se plissent, il serre les poings et a envie de taper... sur quelque chose.

La colère est déclenchée par une frustration, par une atteinte à notre système de valeurs. Cela peut être, par exemple : le manque de respect, l'injustice, le manque de loyauté, l'insécurité...

La fonction de la colère est d'assurer la défense de notre territoire physique ou psychologique. En effet, la colère dit (crie !) un besoin de reconnaissance ; elle demande réparation. Parfois, la colère appelle une décharge physique ; elle donne envie de crier, frapper, se défouler très fort...

Plus on est sous tension, fatigué, et plus on s'irrite facilement. Le moindre détail est susceptible de prendre une importance démesurée.

Et vous ?

Pensez à une situation dans laquelle vous avez ressenti de la colère. Quelle est la valeur qui a été touchée à l'intérieur de vous ? Qu'avez-vous fait pour vous calmer ? pour vous exprimer ?

Accordez-vous des « bons de colère »

La colère appelle souvent un défoulement physique. Parfois même nous aimerions tordre le cou à certains ! Ce n'est pas toujours possible, et ce n'est jamais souhaitable. Pourtant, cette colère est si forte qu'il n'est pas question que vous gardiez toute cette tension en vous !

▶▶▶

▶▶▶

Alors défoulez-vous sur des objets : munissez-vous par exemple d'un coussin, d'une balle antistress ou d'une feuille de papier intitulée « bon de colère ». Libérez les insultes en froissant le papier, en tapant sur le coussin, en serrant très fort dans vos mains la balle antistress. Isolez-vous dans une pièce ou partez faire un tour dehors et poussez « une bonne gueulante ». Osez sortir votre voix plutôt dans les graves, soyez « terrible » !

Et dès que vous en avez la possibilité, pratiquez votre sport préféré : il n'y a rien de tel qu'un bon coup de raquette dans une balle pour se défouler.

BON DE COLÈRE

En cas de CRISE, froissez VIOLEMMENT ce bon et jetez le RAGEUSEMENT dans un COIN.

La joie nous invite à partager

Lors de son entretien annuel, Armand est félicité par son directeur pour la qualité de son travail et son implication dans l'équipe. Son visage s'illumine d'un grand sourire et ses yeux pétillent de joie.

Patricia a reçu un cadeau surprise de son compagnon pour célébrer leurs 10 ans de vie commune... Son cœur bat plus fort, elle ressent une grande chaleur dans le visage, ses joues deviennent toutes rouges.

La joie traite des affaires accomplies, des choses achevées dans l'harmonie, des événements heureux, des succès. La joie est reliée au sentiment de réalisation de soi : on l'éprouve aussi lorsqu'on pratique une activité artistique, sportive, intellectuelle... Lorsqu'on se sent relié à un ami, à la nature, à Dieu.

Le besoin sous-jacent de la joie est le partage. Comme c'est agréable de fêter une réussite d'examen avec des amis !

De même que les autres émotions, la joie se traduit par des modifications physiologiques : le cœur qui bat, une sensation de légèreté, le sourire toujours présent...

Et vous ?

Évoquez un souvenir de joie : un succès, un cadeau reçu, un sentiment de « communion » avec une personne... Vous autorisez-vous à dire, danser, chanter votre joie ?

L'émotion de...	... est le message qui dit...	... et sert à...
Peur	« Attention, danger ! » « Tu vas vers l'inconnu. »	Se protéger Anticiper Se préparer
Tristesse	« Qu'est-ce qui me manque ? » « Qu'est-ce que j'ai perdu ? »	Obtenir du réconfort Faire le deuil
Colère	« Une de mes valeurs importantes a été touchée, laquelle ? »	Défendre ses valeurs Affirmer son territoire Obtenir du respect et de la reconnaissance
Joie	« J'ai réalisé mon objectif » « Mes besoins sont satisfaits »	Partager Se construire

Vous avez appris à accueillir les mouvements de vie à l'intérieur de votre corps, puis à nommer votre ressenti. Voici quelques propositions complémentaires pour installer une nouvelle relation avec vos émotions.

D'autres pistes pour « apprivoiser » vos émotions...

▶ - Pratiquez une activité que vous aimez et qui vous calme : chanter, jouer de la musique, dessiner, jardiner… ;

▶ - Trouvez le sport qui vous défoule ;

▶ - Inscrivez-vous à des cours de relaxation, sophrologie, yoga ;

▶ - Pour les émotions récurrentes et inconfortables, passez par l'écriture : un petit cahier sur lequel vous nommez la situation, l'émotion ressentie, son intensité de 0 à 10, son message et comment y répondre. Plus vous écrivez, plus vous mettez dehors la pression qui est dedans.

Exprimez vos émotions

En réunion, Louise et Jean-Marc présentent leur projet de motivation du personnel à leur patron Michel.

Ce dernier ne semble pas convaincu. Louise intervient alors pour défendre leur travail commun. Mais Jean-Marc reste muet, il semble même gagné par le doute du patron.

À la fin de la réunion, le projet est refusé.

Chacun retourne à son activité sans dire un mot… Louise est à la fois très déçue et furieuse contre Jean-Marc qui ne l'a pas soutenue, mais elle garde ses émotions pour elle. Elle se sent tendue, mal à l'aise, elle s'interroge : « Pourquoi Jean-Marc n'a-t-il rien dit ? J'attendais son soutien, pourquoi est-il resté muet ? »

Souvent, nous avons du mal à exprimer nos émotions, nous avons peur d'être mal jugés, mal compris ou alors de nous emporter. Car les émotions, ces mouvements de vie qui circulent à l'intérieur de nous, peuvent aussi bien être de paisibles cours d'eau que des torrents tumultueux… Alors nous essayons de camoufler nos émotions, nous décidons de tout garder à l'intérieur, de ne rien exprimer, nous ravalons notre tristesse, notre colère et même notre rire… quant à avouer que nous avons peur !

Mais comment recevons-nous le « je suis désolé pour vous » d'une personne qui a le visage très tendu, les sourcils froncés, les mâchoires tendues et qui parle tellement vite ? Le « je suis contente de travailler pour vous » d'une autre personne parlant avec un ton de voix triste, maussade, en soupirant, est-elle crédible ?

Il est difficile de tricher avec nos émotions car elles se lisent sur notre visage. Lorsqu'il y a décalage entre les mots et les messages non verbaux (le regard, les mimiques, le ton, le rythme de la parole...), c'est toujours le message non verbal qui l'emporte, et le contenu perd sa crédibilité.

Alors mieux vaut s'exprimer ! Cela demande du courage pour dire ce que l'on ressent. Mais les bénéfices d'un tel courage sont réels et concrets :

- **Exprimer votre peur témoigne de votre vigilance**, cela va vous permettre d'analyser les aspects de la situation, et de recueillir les points de vue d'autres personnes : « Moi, j'ai plutôt peur de cette objection... Tu as raison, travaillons à une argumentation plus rigoureuse. » ;

- **Exprimer votre tristesse** peut être source de réflexion, et aussi l'occasion de découvrir la générosité de certains ; cela permet également d'évacuer une partie de votre peine et peut accélérer le processus de deuil ;

- **Dire votre colère** permet de vous sentir reconnu et respecté ; mieux vaut avant cela avoir marqué un temps d'arrêt pour faire baisser votre tension et identifié la frustration ressentie ;

- **Communiquer votre joie** stimule la production d'hormones de bien-être. Cela renforce votre système immunitaire et c'est bénéfique pour votre entourage : l'enthousiasme, en général, est agréable à vivre et motivant pour tous.

Exprimer son ressenti, c'est déjà mettre une partie de la pression dehors. Mais comment le dire d'une manière confortable pour soi et recevable pour les autres ?

Le langage de la girafe

Lorsque nous avons une critique à formuler, nous avons tendance à attaquer notre interlocuteur : « Tu n'as rien compris... Tu n'as rien fait de ce que je t'ai demandé ! » Bref, on emploie « le tu qui tue » la relation.

Marschall Rosenberg a découvert que l'une des actions les plus utiles pour faire baisser la température émotionnelle est

▶▶▶

▶▶▶

d'encourager les personnes à parler de leur état du moment. Il a élaboré un outil de communication pour exprimer ses émotions de manière plus confortable : le langage de la girafe.

Pourquoi une girafe ? Parmi les mammifères terrestres, les girafes sont celles qui ont le cœur le plus gros proportionnellement à leur poids, ainsi qu'un long cou leur donnant une bonne vision d'ensemble.

Sa méthode repose sur deux questions, dont l'objectif est de reconnaître son état et qualifier son émotion :

- « Comment je me sens ? »

- « Et que faire maintenant pour améliorer mon état ? »

Une fois que vous avez trouvé la réponse à ces deux questions, vous êtes prêt à vous adresser à votre interlocuteur de manière constructive :

- Décrivez-lui l'événement précis qui a déclenché le besoin de vous exprimer (ce qui est observé, entendu, senti, pensé...) ;

- Puis parlez de votre ressenti ;

- Indiquez le besoin révélé par cette émotion ;

- Enfin, imaginez ensemble quelle action vous pouvez mettre en route.

Arnaud dit à Olivia : « Je n'ai pas pu donner mon avis pendant la réunion, et je suis déçu parce que je pensais que tu m'aurais passé la parole. Veux-tu m'octroyer 5 minutes lors de la prochaine réunion ? »

Claudia parle à son mari : « Cette semaine, tu as passé plus de 60 heures au bureau, et je suis inquiète de la tournure des événements... Peux-tu me dire si c'est ponctuel ou si cela risque de durer longtemps ? J'ai envie qu'on passe davantage de soirées ensemble, veux-tu dîner avec moi demain ? »

**Dans tous les cas, on évite la critique et le jugement ;
et on écoute ce que l'autre a à dire...**

L'ancrage : vous installer dans une émotion-ressource

Didier, un jeune architecte, est énervé par cette journée de travail. Rien ne s'est passé comme il avait prévu : il a été dérangé sans arrêt par ses collègues, interrompu par des coups de téléphone et, pour couronner le tout, est arrivée une réponse négative à un projet sur lequel il s'était beaucoup investi. Quelle journée « galère » !

Comment se débarrasser de cette humeur contrariée... ? Ce soir, c'est l'anniversaire de son fils, et Didier aimerait être joyeux pour la fête. Il en est à mille lieues !

Bien sûr, il peut se dire : « J'oublie le contrat loupé et la journée galère... » mais les émotions ne se laissent pas facilement raisonner.

Sur le chemin du retour dans sa voiture, Didier écoute sa chanson préférée, et comme par magie son humeur change. Il devient plus joyeux et des souvenirs heureux défilent dans sa tête.

L'ancrage est l'association entre un stimulus et un état émotionnel.

Il est possible, grâce aux ancrages, de se connecter à l'émotion souhaitée. Et nous avons tous en nous des situations-ressources. Nous partons du principe que chacun d'entre nous a éprouvé au moins une fois dans sa vie une émotion de plaisir, de joie, de confiance en soi...

Offrez-vous un auto-ancrage

Pensez à un moment où vous vous êtes senti heureux, joyeux dans votre vie familiale ou professionnelle, un moment récent ou passé.

Installez-vous dans une position confortable, mettez-vous bien à l'aise, pensez à bien relâcher les épaules, desserrez les mâchoires, et respirez tranquillement.

Retrouvez le souvenir de ce moment dans lequel vous êtes heureux, joyeux. Retrouvez les images ou le film de ce moment de bonheur, et tandis que vous retrouvez le lieu, les formes, les couleurs, l'intensité de la lumière, revoyez votre visage souriant. Vous pouvez alors entendre à nouveau les sons, les paroles échangées, la musique... et vous évoquez maintenant ce souvenir dans votre corps... Ressentez les émotions de joie, de plaisir qui sont associées à ce moment de bonheur... Imprégnez-vous de l'ambiance, peut-être une odeur si particulière, peut-être un goût qui revient spontanément... Laissez-vous respirer, goûter...

Et lorsque tous vos sens sont stimulés, vous vous sentez pleinement connecté à votre moment de bonheur, ce sentiment-ressource ; faites un geste particulier, un geste que vous pourrez répéter facilement : par exemple, serrez très fort votre poignet, touchez-vous le lobe de l'oreille ou insérez simplement votre pouce entre l'index et le majeur de la même main. Puis dites-vous en votre for intérieur : « Je suis heureux... »

Vous pouvez répéter ce processus pour renforcer l'ancre.

Vous venez ainsi d'ancrer en vous un état-ressource que vous pourrez retrouver à tout moment. En reproduisant votre geste, vous visualisez instantanément la scène et ressentez l'émotion.

> « Et dès que j'eus reconnu le goût du morceau de madeleine trempé dans le tilleul que me donnait ma tante [...], aussitôt la vieille maison grise sur la rue, où était sa chambre, vint comme un décor de théâtre s'appliquer au petit pavillon, donnant sur le jardin, qu'on avait construit pour mes parents sur ses derrières (ce pan tronqué que seul j'avais revu jusque-là) ; et avec la maison, la ville, depuis le matin jusqu'au soir et par tous les temps, la Place où on m'envoyait avant le déjeuner, les rues où j'allais faire des courses, les chemins qu'on prenait si le temps était beau. »
>
> Proust, *Du côté de chez Swann.*

Les frontières nous aident à réguler notre proximité émotionnelle

Caroline travaille dans un service de ressources humaines. Régulièrement, elle reçoit des collègues qui lui confient leurs soucis, tant professionnels que personnels. Elle dit en souriant que son bureau est le bureau des pleurs, et il lui arrive souvent d'avoir la larme à l'œil en écoutant les malheurs des uns et des autres. Et le soir, chez elle, il lui arrive de passer une nuit blanche car elle pense aux problèmes des autres...

Christophe est technicien en laboratoire. Ses collègues le trouvent distant, un peu rabat-joie, et lorsqu'il s'exprime, c'est toujours pour critiquer. Même dans les situations plaisantes, Christophe reste sur la réserve et ne montre pas ce qu'il ressent. Établir une relation avec lui n'est pas aisé, on a l'impression d'avoir un mur devant soi.

Nathalie est surveillante dans un hôpital pour enfants malades. Toute la journée, elle reçoit les familles des enfants. Elle les écoute, comprend leur inquiétude et leur désarroi. Elle sait se mettre à leur place et voir lorsqu'ils ont besoin d'être réconfortés ; elle sait aussi se retirer lorsqu'elle voit qu'ils ont besoin d'être seuls. Tout en écoutant et en regardant ses interlocuteurs, Nathalie sait garder le recul nécessaire. En quittant l'hôpital, Nathalie laisse les soucis de la journée dans sa blouse blanche, elle rentre chez elle en sachant qu'à la maison, c'est un monde différent qui l'attend.

Les émotions sont contagieuses. Lorsqu'elles sont positives, c'est très confortable. Quel plaisir de partager la joie, se retrouver, être ensemble, faire la fête... Mais comment se protéger de la peur, de la tristesse et de la colère de l'autre ? S'ouvrir à l'autre sans être vulnérable ; pouvoir régler l'intensité de la relation ; connaître et poser ses limites... Bref, créer et maintenir des frontières adaptées à la relation ? C'est là tout le travail d'Anne Linden, *the lady NLP*, directrice du New York Training Institute.

Frontière ? Quel est le sens de ce mot ? Barrière, étranger, territoire inconnu, passage, autorisation...

Et les frontières humaines ? Elles sont très subtiles, difficilement palpables et différentes pour chaque personne. Et pourtant, trouver ses propres frontières et deviner celles de nos interlocuteurs, c'est essentiel pour réguler nos interactions. Faire la distinction entre moi et le monde, cela ne veut pas dire que je me coupe du monde : cette distinction me permet d'être séparé et connecté en même temps.

Séparée et connectée... cette association semble contradictoire, et pourtant, c'est l'essence même des frontières. Se donner le choix : à certains moments, se sentir proche, s'ouvrir à ce que l'autre vit, à ce qu'il ressent ; et à d'autres moments, installer une séparation avec l'autre, se dissocier de ses émotions.

La peau est une belle métaphore des frontières. Elle marque la distinction entre le monde et moi. Sans elle, nous serions une flaque d'eau ! La peau sépare, et en même temps elle laisse entrer des choses de l'extérieur ; elle permet aussi à des substances de sortir (la sueur). Notre peau est perméable : c'est une propriété fondamentale des frontières.

Ainsi, du point de vue des frontières, dans toute communication avec autrui, il existe trois possibilités différentes d'être en relation :

▶ **L'absence de frontières** : c'est le cas de Caroline. Lorsque je ne pose pas de frontières dans la relation avec une personne, j'ai toutes les chances de me laisser « contaminer » par ses émotions.

Il y a des situations où l'absence de frontières est fantastique : dans les relations d'intimité, lorsqu'on est amoureux, cela permet de rentrer dans une plus grande communion avec l'autre. Cependant, dans une relation fusionnelle le mode de fonctionnement est essentiellement centré sur les ressemblances : « Elle a les mêmes goûts, le même âge que moi, les mêmes valeurs, la même façon d'envisager l'avenir... Une trop grande fusion, cependant, mène à la confusion : à trop s'identifier à l'autre, on finit par se perdre et perdre son identité ;

▶ **Une frontière trop prononcée** : c'est le cas de Christophe. Certaines personnes ont construit des frontières très imperméables autour d'elles : comme un mur d'enceinte avec des douves tout autour.

Bien sûr, il est parfois indispensable d'avoir de telles frontières pour se protéger des autres dans des situations désagréables. Par exemple, lorsque votre supérieur hiérarchique est tellement stressé qu'il s'adresse à vous en criant, son attitude vous menace... Il est important de vous protéger de lui, de son stress, de mettre de la distance entre vous, pour vous sentir en sécurité. Dans la vie courante, cependant, le mur isole celui qui l'a érigé et bloque la communication relationnelle. Les échanges se raréfient et sont dénués de toute émotion ;

▶ **Des frontières adaptées** : c'est le cas de Nathalie. Des frontières adaptées nous placent face au défi d'être à la fois séparé et relié aux autres, toujours en mouvement. C'est autoriser la circulation de ce que je pense être confortable pour moi, m'adapter au besoin que je perçois chez l'autre, fermer quand j'ai besoin de protection.

Se donner la possibilité d'ouvrir ou de fermer ses frontières, c'est choisir consciemment l'intensité de la relation que j'installe avec les autres.

Et vous ?

Quel type de frontière installez-vous autour de vous ? Sont-elles différentes en fonction des situations et des moments de votre vie ?

Nous allons voir maintenant comment créer et maintenir des frontières adaptées au contexte et aux personnes avec lesquelles nous
échangeons. Nous vous proposons trois outils, à pratiquer sans
modération :

▶ La vision et l'audition périphériques ;

▶ Se reconnecter à son corps ;

▶ Développer la pensée simultanée.

Développez la vision et l'audition périphériques

La vision périphérique est une vision en trois dimensions, avec une
notion de perspective. Elle nous permet de voir à la fois l'arbre et la
forêt. Nous ajoutons à la vision zoom, l'arbre qui cache la forêt, la
vision grand angle, la forêt qui entoure l'arbre.

Pour survivre, nos ancêtres (les hommes de Cro-Magnon) savaient
très bien utiliser la vision et l'audition périphériques car, à cette époque, il n'y avait ni réverbère ni haut-parleur dans les forêts. De nos
jours, une mère de famille développe d'instinct son audition et sa
vision périphériques : tandis qu'elle prépare le dîner, elle a l'œil sur
l'un de ses enfants qui fait ses devoirs sur la table de la cuisine, tandis
qu'elle prête une oreille aux clapotis de l'autre dans son bain... De la
même manière, un mondain dans un cocktail, en même temps qu'il
écoute et regarde son interlocuteur, regarde autour de lui : n'y a-t-il
pas une autre personne qu'il connaît dans la pièce ? Ou bien, un animateur dans une réunion peut à la fois être très concentré sur ce qu'il
dit, et rester en alerte aux réactions non verbales des participants ;
ainsi, il adapte son discours à ses perceptions, s'arrête, fait participer
ses interlocuteurs : « Vous voulez dire quelque chose ? »

L'audition périphérique consiste à défocaliser ses oreilles d'une seule
source de sons pour l'ouvrir à d'autres sources. Par exemple, entraînez-vous lors d'une promenade dans la forêt à écouter les différents
chants des oiseaux, l'avion qui passe dans le ciel, le bruit de vos pas
sur le sol.

Chaque fois qu'André s'adresse à Julie, c'est plus fort que lui : il la traite comme
une gamine. Lorsqu'il la critique devant ses collègues, on dirait qu'il la gronde !
Julie, en retour, se fait toute petite ; elle absorbe tout comme une éponge. Un
jour, elle décide de ne plus subir l'attitude de son patron.

Une semaine plus tard, nouvelles remontrances d'André. Pendant qu'il s'époumone, Julie reste droite sur sa chaise et pratique la vision et l'audition périphériques. Elle l'écoute, mais continue à prêter attention à ce qui se passe dans la pièce ; ainsi, elle entend sa collègue qui tape sur l'ordinateur, et voit les affiches sur le mur à sa droite et la plante verte à sa gauche. Cette pratique lui permet d'installer ses frontières et lui donne de l'assurance.

À vous de jouer

Tandis que vous lisez ces lignes, vous pouvez aussi, sans bouger les yeux et la tête voir et entendre ce qu'il y a autour de vous et du livre...

Faites cet exercice plusieurs fois par jour, dans différentes situations de la vie quotidienne. Par exemple, le matin dans les transports en commun, ou en marchant jusqu'à votre bureau, pendant que vous discutez avec vos collègues ...juste pour vous habituer à installer vos frontières.

Reconnectez-vous à votre corps

Nous avons vu que l'essence même des frontières est cette possibilité d'être à la fois séparé et connecté, à l'autre, au monde extérieur ; se rapprocher de l'autre et revenir chez soi, dans son territoire.

Lorsque nous souhaitons prendre de la distance par rapport à une situation, mettre nos frontières, nous pouvons reprendre contact avec nos sensations : le poids des pieds sur le sol, la respiration abdominale, la contraction d'un muscle...

À vous de jouer

En même temps que vous lisez ces lignes, prenez conscience de vos pieds dans vos chaussures – remuez vos doigts de pied – prenez conscience de votre assise sur le siège, de la position de votre dos, et écoutez vous respirez...

Plusieurs fois par jour, reconnectez-vous à votre corps, à vos sensations.

Dans un premier temps, pratiquez lorsque vous vous trouvez avec des personnes appréciées : tandis que vous discutez le matin avec votre collègue, remuez vos orteils dans vos chaussures, et prenez conscience de votre respiration... Vous êtes à la fois présent à l'autre et à vous-même.

Lorsque vous serez familiarisé avec cet outil, vous pourrez l'utiliser lors d'une situation conflictuelle. Vous vous protégerez ainsi du stress de votre interlocuteur.

Développez la pensée simultanée

Développer la pensée simultanée consiste à remarquer, chez une personne ou dans une situation, à la fois ce qui est similaire et ce qui est différent de nous.

Cette forme de pensée va élargir notre champ de conscience. Nous sortons d'une pensée polaire pour acquérir une pensée nuancée : percevoir à la fois les différences et les similitudes.

Dans nos exemples précédents :

▶ Christophe n'est sensible qu'aux différences entre lui et les autres. Il y a peu d'échanges. Ses frontières sont rigides ;

▶ Caroline n'est sensible qu'aux similitudes entre elle et les autres. Elle s'identifie à leurs problèmes. Ses frontières sont trop perméables. Elle se laisse contaminer par les émotions des autres ;

▶ Nathalie voit à la fois les ressemblances et les différences. Sa pensée simultanée lui permet de gérer ses frontières.

Trouver des similitudes nous rapproche, trouver des différences nous éloigne.

Pratiquer la pensée simultanée permet d'être à la fois connecté et séparé.

À vous de jouer

Pour muscler votre pensée simultanée :

▶ Prenez deux objets usuels, par exemple une montre et une paire de lunettes. Notez cinq ressemblances et cinq différences entre ces deux objets. ;

▶ Pensez maintenant à l'un de vos amis et notez cinq ressemblances et cinq différences entre lui et vous. Les différences entre vous sont-elles plutôt une source de dissension ou d'enrichissement mutuel ?

▶ Enfin, pensez à une personne avec laquelle vous avez eu un différend récemment. Notez trois ressemblances significatives entre elle et vous.

Si avant un entretien avec une telle personne, nous pensons à ce que nous avons en commun, cela nous met dans un état d'esprit plus constructif.

Dès que vous avez installé vos positions de façon adaptée, faites le bilan de ce que cela vous a apporté :

▶ Au niveau de votre ressenti ;

▶ Au niveau de la relation avec vos interlocuteurs.

Les participants des stages que nous animons reviennent souvent vers nous avec les retours d'expérience suivants : « Depuis que je pratique cet exercice des frontières, j'arrive à prendre du recul face aux situations stressantes, je me sens plus disponible à "l'écoute empathique", moins "influencé" par tout l'environnement agressif… je gère mon équipe avec plus de souplesse et de choix. »

Avant d'aller plus loin

Nous venons de terminer notre voyage au pays des émotions. Nous avons découvert que nos émotions sont des ressources, des alliées nous parlant de nos besoins à satisfaire.

Nous vous avons donné quelques clés de compréhension. À vous de les tester, de vous les approprier, de les modifier pour qu'elles vous conviennent mieux.

Chapitre 6

Donnez-vous du choix
dans vos pensées

« La plupart des êtres humains sont prisonniers de leur propre cerveau. C'est comme s'ils étaient enchaînés au fond d'une barque et que quelqu'un d'autre était à la barre. Si vous ne donnez pas quelques directives à votre cerveau, soit il fonctionnera de lui-même au hasard, soit d'autres personnes trouveront les façons de le faire fonctionner pour vous... et pas toujours dans le meilleur de vos intérêts... »

Richard Bandler (l'un des fondateurs de la PNL),
Un cerveau pour changer

Marie n'arrive pas à s'endormir. Demain, elle doit mener une négociation tendue et, dans sa tête, elle ressasse en boucle tous les arguments, toutes les objections... Le hic, c'est qu'elle a déjà passé toute la journée à travailler sur cette négociation. Alors les *scenarii*, argumentations et contre-argumentations, ne pourraient-ils pas la laisser dormir tranquille, histoire qu'elle arrive en forme demain matin ?

Luc a passé une mauvaise journée. Ce soir il retrouve ses amis de fac, mais il repasse en boucle son entretien professionnel « raté » ; des pensées négatives l'empêchent de profiter de ses amis : « J'aurais dû lui dire... Pourquoi n'ai-je pas répondu cela... ? Je n'ai pas su me valoriser... »

Qui n'a jamais rêvé pouvoir orienter le cours de ses pensées ? Pensées embarrassantes, pensées qui tournent en rond, pensées négatives... Flashs ou obsessions de mauvais souvenirs à propos d'évènements qui se sont passés il y a déjà longtemps... Nos pensées peuvent nous perturber, nous empêcher de vivre l'instant présent. Mais, heureusement, elles peuvent également nous être d'un grand secours : elles peuvent nous aider à changer le ressenti de nos expériences, nous préparer à affronter un challenge, nous donner confiance.

Mais comment pensons-nous ? Nous pensons à nos expériences en utilisant des images, des sons et des sensations, même si nous n'en avons pas conscience.

À vous de jouer

Pensez à l'une de vos amies : qu'est-ce qui vous vient à l'esprit ? Une image ? Des paroles échangées ? Quelles sensations éprouvez-vous ?

Maintenant que vous savez cela, imaginez que vous allez pouvoir « piloter » votre cerveau comme nous le dit Richard Bandler.

Notre cerveau, un trésor à explorer

Quelqu'un a-t-il déjà *vu* la pensée ? Invisible à nos yeux, elle réside pourtant bien quelque part !

Le cerveau lui sert d'instrument sensible pour qu'elle puisse s'y former et s'exprimer : nous situer dans l'espace, dans le temps, dans notre environnement... réfléchir à notre vie... évaluer des objectifs, faire des choix... Tout cela, nous le devons à l'évolution de notre cerveau.

Ainsi est né, il y a quelques milliers d'années, le cortex cérébral : il est le plus jeune de nos cerveaux, c'est « le fils » qui a permis l'éclosion de la pensée. Mais qui sont le père et le grand-père ?

- Le plus âgé de nos cerveaux est le **cerveau reptilien**. C'est le « grand-père » que nous tenons des dinosaures, chargé de prendre les décisions de survie et défendre notre territoire. C'est lui qui contrôle les fonctions automatiques du corps, gère les programmations innées... Il gouverne aussi nos réactions face au danger : fuite, combat ou inhibition. Il ne sait pas faire face aux situations nouvelles, ne sait pas innover et n'accepte pas qu'on soit différent de lui ;

▶ ▶ ▶

▷ ▷ ▷

- Ensuite est né notre **cerveau limbique**, « le père », celui que nous tenons des mammifères. Il est le siège de nos émotions et de la mémoire. Il classe les expériences nouvelles en gratifiantes (à recommencer) ou en désagréables (à éviter). C'est aussi lui qui filtre les informations transmises au cortex selon le plaisir ou le déplaisir. Il peut même anesthésier des informations déplaisantes ! Il ignore les mots, ne comprend pas la logique.

- Le « fils », appelé **cortex**, est le siège de la pensée consciente, de l'invention, de l'analyse, du raisonnement et du langage. C'est lui qui donne du sens, traite les infos reçues par les sens, les images mentales, les diverses mémoires. Il produit des activités complexes, anticipe, conceptualise, décide, mais il raisonne froidement et ignore les émotions.

La visualisation : notre esprit pense avec des images

Au moment où l'avion décolle pour le sud de l'Espagne, que Denis et Laure vont visiter pendant leurs vacances, Denis réalise qu'il a oublié son permis de conduire. Or ce document est obligatoire pour louer une voiture : « Zut, qu'est-ce que j'en ai fait ? » Sitôt cette question posée, il revoit ses gestes. Il se retrouve chez lui, voit le permis de conduire sur la table du salon... Avec son imagination, Denis vient de déjouer les contraintes de l'espace.

Il est toujours assis sur son siège dans l'avion qui l'emmène à Alicante, et pourtant il a plongé dans le passé... puis se projette dans le futur : ce soir, il téléphonera à sa voisine, qui a les clés de l'appartement. Ainsi, elle pourra lui envoyer par fax une photocopie de son permis.

Notre cerveau n'a pas de barrière dans le temps : il peut retourner dans le passé ou bien se projeter dans l'avenir ; bien sûr, il peut aussi se centrer sur l'« ici et maintenant ». Cette faculté de voyager à travers le temps est très précieuse pour retrouver des ressources dans nos expériences passées, ainsi que pour anticiper et préparer le futur.

À vous de jouer

Entraînez-vous à visualiser des images dans votre tête

- Regardez l'illustration d'un magazine quelques secondes, puis, fermez les yeux et décrivez ce que vous venez de voir ;

- Pensez au bruit de la pluie qui tombe et voyez quelles images cela évoque pour vous.

Les émotions sont étroitement liées aux images. Les techniques de visualisation nous permettent un certain nombre de « prouesses de la pensée », très utiles pour retrouver des ressources que l'on a oubliées, ou bien pour préparer une situation inhabituelle ou difficile.

Voilà un éventail de ces techniques que vous pourrez, une fois acquises, utiliser à votre guise pour guider vos pensées.

Retour dans le passé

Fabrice, jeune skieur réalise d'excellentes performances à l'entraînement.

Le jour J de la compétition, il se sent tendu, stressé, et doute de lui. Son coach lui demande alors de visualiser un entraînement qui s'est particulièrement bien déroulé. Fabrice repense à celui de mercredi dernier. Il revoit son corps tonique épousant la courbe de la piste, entend le glissement de ses skis, ressent à nouveau cette envie de gagner et entend les compliments de son entraîneur.

Cette visualisation lui permet de retrouver confiance en lui. Il est fin prêt pour le slalom.

Le retour volontaire à des situations passées permet de retrouver des souvenirs remplis de ressources. Les ramener à la conscience du moment présent nous permet de les utiliser à nouveau.

Vous pouvez même enrichir votre souvenir en faisant appel aux informations enregistrées par vos sens. Ce que vous avez vu : les couleurs, les formes, les personnages, l'intensité de la lumière… Ce que vous avez entendu : les sons, les voix… Ce que vous avez senti comme odeur… Ce que vous avez goûté… Ce que vous avez touché…

À vous de jouer

Rappelez-vous un moment que vous avez particulièrement apprécié. Que reste-t-il aujourd'hui dans votre mémoire de ce moment passé ? Une image, une couleur, un son, une sensation ? Prenez quelques instants pour décrire l'image : les différentes formes, les couleurs, les différents personnages, la perspective… Ouvrez maintenant votre conscience aux sons : écoutez les différentes sources de son, la tonalité des paroles échangées, le silence ou la musique… Intéressez-vous ensuite aux différentes sensations, chaleur, légèreté, plaisir… puis aux odeurs, aux saveurs…

Quelles sont les nouvelles informations que vous venez de découvrir dans ce souvenir ?

Modifiez un souvenir du passé

« Dans les moments de grande tension, l'esprit se fixe sur un détail sans importance dont on se souvient parfaitement bien longtemps après, comme si l'anxiété nous l'avait à jamais gravé dans le cerveau. »

Agatha Christie

Léon, jeune manager, excelle dans ses fonctions d'encadrement : il décide, organise, délègue, contrôle, à merveille. Le seul point noir de son management, c'est lorsqu'il doit animer une réunion : dans ces moments-là, il se met à bégayer. Ses propos perdent alors un peu de crédit…

Lorsqu'il en parle avec son coach, tous les deux identifient que ce handicap vient de l'enfance : Léon est le dernier de sa fratrie ; dès qu'il ouvrait la bouche, ses frères aînés le rabrouaient : « Tais-toi, tu parleras quand tu sauras aligner trois mots à la suite. » Et aujourd'hui, Léon réussit tout ce qu'il fait du moment qu'il n'a pas besoin de prendre la parole devant plus de trois personnes… Comment se libérer de cette inhibition ?

Pour la plupart d'entre nous, la mémoire enregistre « la réalité » de façon très fidèle et nous sommes très surpris d'entendre le témoignage de personnes ayant assisté à la même scène que nous. Ils sont tellement différents que l'on se demande si on y était vraiment, si l'on a pas rêvé !

C'est dans ces moments-là que nous comprenons que notre mémoire est très sélective.

Ainsi, dans son souvenir, Léon se focalise sur ses frères. Il occulte le reste de la scène : sa grand-mère qui le soutient, sa petite sœur qui joue avec le chat siamois, le feu de cheminée…

En revisitant son souvenir, Léon a accès à d'autres informations qui le libèrent d'une charge émotionnelle trop pesante..

Suzanne est très perturbée, son mari et elle viennent d'accompagner leur fille Mélanie à l'aéroport. Mélanie part pour six mois en stage à Mexico. Même si elle a préparé son voyage, Mélanie est stressée, inquiète de partir pour un pays inconnu, et triste de quitter le « cocon » familial.

Suzanne remarque une ou deux larmes sur le visage de sa fille au moment où elle passe la douane et embarque sur le tapis roulant.

Dans la voiture qui les ramène chez eux, Suzanne ne garde dans sa tête (et le cœur !) que les « grosses larmes de sa fille ». Elle fait part de son inquiétude à Jean-Luc, son mari. Ce dernier s'adresse alors à Suzanne en lui posant des questions : « As-tu remarqué le sourire confiant de l'hôtesse d'accueil lorsqu'elle prenait le passeport de Mélanie ? Et ce Mexicain avec un chapeau magnifique… qui chantait en attendant son tour… ? »

Alors un sourire discret se dessine sur le visage de Suzanne.

Que s'est-il passé ? Le souvenir de Suzanne restait focalisé sur un seul détail de la situation : les larmes de sa fille. Jean-Luc lui rappelle d'autres informations qu'elle avait occultées et instantanément l'expression du visage de Suzanne est modifié.

Entraînez-vous à enrichir vos souvenirs. Dirigez votre esprit conscient vers d'autres éléments, utilisez vos différents canaux sensoriels. Vous étendez ainsi la somme d'informations auxquelles vous avez accès ce qui va changer votre ressenti.

Enregistrez un souvenir du futur
ou comment vous préparer un futur plus confortable

Stéphane est cadre dans une société d'assurances. Il appréhende la prochaine réunion avec son DG et d'autres directeurs de sa branche… En effet, c'est la première fois qu'il présente son travail devant une telle assemblée. Il a besoin d'être rassuré sur ses compétences et de se sentir à la hauteur.

Par la visualisation, Stéphane va pouvoir se projeter dans le futur et préparer cette réunion mentalement. Ainsi, il peut se faire un film dans lequel il dispose de toutes les ressources qui lui sont nécessaires pour réussir sa présentation.

**La visualisation d'un événement futur
est une excellente stratégie d'anticipation du succès.**

Cette préparation mentale présente deux bénéfices :

▶ Le stress de l'attente diminue : au lieu de subir, nous devenons l'acteur principal du film ;

▶ L'objectif sera d'autant plus atteint si sa mémoire est enregistrée dans nos images mentales.

À vous de jouer

Quelle est la situation challenge, ou l'événement important que vous vous proposez de préparer mentalement ? Une réunion dont l'enjeu est fort, un premier rendez-vous sentimental, une négociation commerciale…

▶ Identifiez la ressource particulière dont vous avez besoin pour affronter au mieux cette situation (confiance, sens de l'humour, calme, objectivité…) ;

▶ Retrouvez une situation dans laquelle vous étiez connecté à cette ressource dans un autre contexte ; puis ancrez, c'est-à-dire revivez la situation-ressource en associant un geste : serrer le pouce entre l'index et le majeur, dessiner son sourcil avec l'index… ;

▶ Revenez ici et maintenant, sortez de cette expérience, et pensez à autre chose, quelque chose de matériel : le déjeuner qui s'approche, par exemple. Ce retour dans le présent est un « état séparateur » entre vous et l'état émotionnel ressource, qui vous permet de tester l'efficacité de l'ancrage ;

▶ De nouveau, actionnez l'ancre en la déclenchant (c'est-à-dire, en refaisant le geste que vous avez choisi) ;

▶ Enfin, projetez-vous dans la « situation défi » en activant l'ancre : vous disposez de la ressource. Vous vivez la situation à venir dans l'état émotionnel souhaité. Vous êtes en train « d'enregistrer un souvenir du futur » !

Plus vous vous exercerez, plus la ressource sera disponible et active.

Tenez-vous un discours intérieur motivant

Les mots et les discours qui traversent notre esprit sont très importants. Nous nous parlons à nous-même en permanence, en général sans en être conscient. Mais il est bien là, notre journaliste interne, en train de faire ses commentaires sur la journée qui s'écoule, sur les gens que l'on croise, sur les sentiments qui nous traversent... Ces phrases sont souvent défaitistes et culpabilisantes :

▶ « Il est déjà 21 heures et les enfants n'ont toujours pas dîné... »

▶ « Je suis certain que Xavier va encore rejeter mon idée ! »

▶ « Je ferais mieux de me taire, c'est plus sage de ne jamais exprimer mes sentiments. »

Ce bavardage intérieur influence et colore nos sentiments ; finalement, ces « formes pensées » contribuent à créer ce qui nous arrive. C'est ce qu'on appelle l'effet Pygmalion : les prophéties auto-réalisantes, selon lesquelles, lorsqu'on fait une prédiction, on a tendance à se comporter de manière à ce que cette prédiction se réalise.

Pygmalion

Pygmalion était un sculpteur de la mythologie grecque. Il façonna une statue représentant une jolie femme dont il tomba amoureux.

L'amour qu'il ressentait pour cette statue était si grand qu'Aphrodite, déesse de l'amour, lui insuffla la vie.

Le discours que l'on se tient a souvent plus d'impact que l'expérience elle-même. Testez par exemple ces affirmations encourageantes qui remplacent les trois bavardages négatifs :

▶ « Il est 21 heures, et je choisis de donner de la brioche et de la compote aux enfants. Ils sont ravis à la perspective de cette dînette ! »

▶ « Il m'est venu une idée et j'aimerais bien avoir l'avis de Xavier car elle a encore besoin d'être peaufinée... »

▶ « Jusqu'à présent, je ne parlais jamais de mon ressenti ; maintenant, je choisis de dire ce que j'éprouve à des personnes en qui j'ai confiance. »

Un des précurseurs de cette hygiène mentale fut Émile Coué, aussi surnommé « le marchand de bonheur », et qui a donné son nom à la célèbre méthode.

La méthode Coué

Émile Coué était pharmacien à Nancy au début du XXe siècle. Lorsqu'il remettait des pilules à ses patients, il ajoutait d'un ton chaleureux : « Vous verrez, cela vous fera du bien ! » Au bout d'un moment, il se rendit compte que ses paroles renforçaient l'effet des médicaments. Généreux, modeste, il souhaitait aider l'homme à se guérir lui-même. Et pour cela, il a remarqué que l'autosuggestion, c'est-à-dire l'implantation d'une idée en soi-même par soi-même, faisait des miracles.

Un des principes est le suivant : notre esprit est double, composé d'une partie consciente qui analyse et raisonne, et d'une partie inconsciente dont la mémoire est infaillible et qui absorbe toutes les données qu'on lui soumet, comme une éponge absorbe n'importe quel liquide. Ainsi, si je me dis : « Je ne vais pas y arriver… », la probabilité est faible de surmonter cette difficulté. À l'inverse, si j'aborde le problème en me disant « Ça va marcher !… », j'ai beaucoup plus de chances de parvenir à mes fins.

Voici une autre grande loi découverte par Émile Coué : « Lorsque la volonté et l'imaginaire sont en lutte, c'est toujours l'imagination qui l'emporte. » Regardez, par exemple, comme nous traversons sans difficulté une planche lorsqu'elle est posée sur le sol… La même planche, lorsqu'elle est placée en hauteur au-dessus d'un certain vide, nous devons prendre sur nous pour la franchir.

En bon pharmacien, il était quand même lucide ; il avertissait ses clients : « Si vous vous cassez le bras, l'autosuggestion ne remet pas les os en place. Courez vite à l'hôpital !

Émile Coué a été le précurseur des travaux sur le discours intérieur.

Parlez-vous avec tendresse et optimisme

Voilà quelques maximes, inventées par lui ou les adeptes de sa méthode. Leur optimisme vous permettra de brancher votre discours intérieur sur une tonalité plus encourageante les jours de blues.

Les moments les plus efficaces pour se formuler à soi-même des messages positifs sont le réveil ou l'endormissement – les barrières de notre conscient sont flottantes. Notre inconscient est alors complètement disponible pour accueillir nos suggestions ; et le conscient est trop endormi pour mettre en route sa raison raisonnante, avec ses « pourquoi ? Oui, mais... Et si... ? »

« Chaque journée est précieuse et mérite d'être vécue dans la joie. »

« Je garde espoir, je doute de mon doute. »

« Tous les jours, à tout point de vue, je vais de mieux en mieux. »

« Mes relations avec les autres sont chaque jour plus heureuses ! »

« Fais confiance à tes ressources. »

« Autant jouer gagnant ! »

« Je sais m'exprimer de manière dynamique. »

« Ma vie est précieuse et très riche. »

« Plus je donne, plus je reçois et plus je me sens heureux ! »

« Désormais, je savoure chacune de mes actions... »

Et vous

Quels discours positifs avez-vous coutume de vous tenir à vous-même ?

Pratiquez des suggestions motivantes : celles qui vous sont propres, d'autres que nous vous proposons dans ce livre. Dites-vous des paroles encourageantes en silence chaque fois que vous en avez besoin.

Appréhendez la réalité sous un jour nouveau

« Les choses ne changent pas, change ta façon de les regarder. »

Lao Tseu

Deux vendeurs de chaussures reviennent d'une tournée de prospection en Afrique :

- Le premier, assez abattu, dit à son patron : « Il n'y a rien à faire là-bas, les Africains sont tellement pauvres qu'ils ne portent même pas de chaussures ! »

- Le second arrive peu après, un grand sourire aux lèvres : « C'est incroyable, chef, l'Afrique est un marché énorme : personne n'a encore de chaussures ! »

La pluie qui tombe peut être une bénédiction pour l'agriculteur, ou une malédiction pour la noce. La technique du recadrage consiste à mettre un autre cadre à la réalité pour percevoir positivement ce qui aurait pu être envisagé négativement. Dans le film *Le cercle des poètes disparus*, le professeur Keatings[1] demande aux élèves de grimper sur leur pupitre respectif afin de voir l'environnement *autrement* : c'est un recadrage.

Le recadrage ne change pas la situation, il la montre sous un autre angle, plus positif. De même que la taille change l'aspect du diamant, le recadrage change le ressenti du vécu. L'effet est immédiat.

À vous de jouer

Vous êtes coincé dans un embouteillage. C'est vrai, vous êtes prisonnier de l'habitacle et votre voiture n'avance plus… Comment allez-vous « recadrer » la situation ?

Vous pouvez penser, par exemple, à toutes les choses importantes auxquelles vous ne prenez pas toujours le temps de réfléchir : refaire dans votre tête le planning de votre journée, penser au prochain cadeau d'anniversaire de votre fils… ou profiter de ce temps libre pour pratiquer des réflexes détente !

_____

1. Interprété par Robin Williams.

© Groupe Eyrolles

Le recadrage visuel : jouez avec vos images mentales

Patrick n'arrive pas à se sortir de la tête l'entretien d'embauche qu'il a eu ce matin. Il a le sentiment d'avoir fait très mauvaise impression. Il est obsédé par l'image de la scène : toute proche de lui, comme si elle était collée à son front. Ce soir il reçoit des amis, et il aimerait évacuer cette image désagréable.

Très souvent, nous nous sentons prisonniers de nos pensées : lorsqu'elles sont pénibles, elles polluent la réalité du moment. Comment faire pour les mettre de côté ou du moins modifier le ressenti provoqué par nos pensées ?

Nous avons la capacité d'utiliser notre cerveau pour modifier ces représentations mentales, tout comme les professionnels de l'image qui utilisent des logiciels de retouche des photos. Qui d'autre que nous fabrique nos images mentales et est le metteur en scène de nos films ? Tous les films qui se déroulent dans notre mental se trouvent potentiellement sous notre contrôle.

À vous de jouer

Retrouvez un souvenir agréable, que vous allez « retoucher ».

▶ Tout en revoyant ce souvenir, changez la luminosité de l'image : rendez-la plus claire, puis assombrissez-la, jusqu'à ne presque plus rien voir. Enfin rendez-lui à nouveau sa luminosité initiale. Tout au long du processus, notez la manière dont votre ressenti se modifie : en général, le fait de rendre l'image plus lumineuse accentue l'intensité du ressenti, alors que baisser la luminosité diminue son intensité.

▶ Maintenant, rappelez-vous un souvenir inconfortable, une chose qui vous met mal à l'aise quand vous y pensez. Puis assombrissez de plus en plus l'image. Que se passe-t-il ? Que ressentez-vous ?

▶ Une autre modalité de l'image est la taille : pensez à nouveau à un souvenir agréable, et variez la taille de l'image. Agrandissez-la, puis diminuez-la… Notez comme votre ressenti change.

Faites le même exercice avec un souvenir déplaisant. Lorsque vous diminuez la taille de l'image, cela diminue en général l'intensité du ressenti. « Je m'en fais une montagne », disons-nous parfois. Et si la montagne devenait un petit talus ?

> La troisième modalité possible de notre rapport à une image, est la distance : entraînez-vous à modifier la distance pour passer du proche au lointain – c'est comme si vous teniez une photo à bout de bras – et rapprochez-la puis éloignez-la de vous à volonté.

Repensez à un souvenir récent qui vous a laissé une impression désagréable. Par exemple, l'un de vos collègues vous a fait une réflexion… Cette image que vous avez, au rythme que vous voulez, dans l'ordre que vous souhaitez, vous allez la rendre : plus petite/plus sombre/plus lointaine. Qu'est-ce que cela donne ?

Modifier les caractéristiques visuelles d'une image change le ressenti.

Le recadrage auditif : jouez avec les modalités de la voix

Robert, le manager d'Étienne, lui fait régulièrement des reproches et s'adresse à lui sur un ton désagréable : « Pourquoi ce travail n'est-il pas encore fait, depuis le temps que je vous l'ai donné… Il y a encore des erreurs dans ce dossier, vous n'avez pas tenu compte de mes modifications, vous n'en faites qu'à votre tête, je suis obligé de repasser constamment derrière votre travail… »

Cette « voix » toujours derrière son dos, qui le gronde et le rabaisse, Étienne aimerait bien la mettre un peu en sourdine ! D'autant plus que, même lorsque Robert est absent, Étienne se joue sa voix à l'intérieur, anticipe ses reproches pendant qu'il effectue le travail demandé : « Encore un dossier bâclé », lui dit son « journaliste interne » d'une voix nasillarde qui ressemble fort à celle de Robert.

Toujours en vue de changer l'impact émotionnel d'une situation en modifiant certains paramètres, nous pouvons agir sur les modalités auditives des voix que l'on entend – les paroles de nos interlocuteurs. Nous pouvons par exemple faire varier à notre guise :

> Le rythme (rapide, lent) ;

> La tonalité (grave, aiguë, nasale, théâtrale…) ;

> Le volume (faible, fort, crié, murmuré) ;

> La mélopée (mélodieuse ou non, fluide ou hachée).

La même phrase dite avec différentes expressions prendra à chaque fois un autre sens. Rappelez-vous Fernandel dans le film *Le Spounz*. Il prononce cette phrase : « Tout condamné à mort aura la tête

tranchée », d'un ton apeuré, puis d'un air interrogatif, puis en riant...
Le spectateur éprouve l'émotion induite par sa tonalité, qui n'a plus
grand-chose à voir avec le sens des mots.

À vous de jouer

Écoutez à nouveau la voix de votre « patron » qui vous fait des reproches,
mais cette fois avec la voix de Donald Duck, ou de Droopy. Ou bien mettez
les paroles de votre patron sur une tonalité aiguë... En quoi votre ressenti en
est-il transformé ? Qu'est-ce que cela change pour vous ?

Aujourd'hui, Étienne décide de changer la tonalité de son journaliste interne :
au lieu de lui donner la voix de son patron-jamais-content, il la rend fluide, puis
douce. Étienne diminue également le volume. Au bout de quelques secondes, il
se surprend à écouter sa « petite voix intérieure » avec plaisir. Il se met à l'écouter avec une attention différente, comme si c'était devenu une amie.

De la même manière, nous pouvons aussi recadrer notre propre dialogue interne : ce journaliste à l'intérieur de nous qui ne se gêne pas
pour nous faire, quand ça lui chante, ses commentaires désagréables
ou décourageants :

▶ « À quoi bon essayer ? Tu as déjà raté trois fois... ! »

▶ « Arrête de te morfondre, tu ne vas pas passer la journée à
geindre. »

▶ « Si c'était possible, quelqu'un de plus malin que toi l'aurait déjà
fait ! »

▶ « Tu es d'un naïf, avec ton optimisme à toute épreuve... Atterris ! »

Et si vous changiez la tonalité de votre journaliste interne ? Une voix
plus amicale, plus douce, au lieu d'une voix pleine de récrimi-
nations...

Soyez acteur ou spectateur de vous-même

Acteur ou spectateur de soi, ce sont deux façons possibles de vivre
une expérience. Imaginez que vous êtes dans une fête foraine, assis
sur un banc. Vous vous voyez sur le siège avant d'un wagonnet dans
les montagnes russes. Vous voyez vos cheveux flottant dans le vent,

tandis que le wagonnet amorce sa première descente... Et maintenant, comparez cette sensation à celle que vous éprouveriez si vous
étiez réellement assis dans ce wagonnet, cramponné à la barre,
volant dans les airs, les cheveux dressés sur la tête, avant de plonger
pour cette première descente...

Quelle différence percevez-vous entre les deux expériences ?

▶ Dans la première expérience, vous êtes spectateur de vous-
même : assis sur ce banc, vous regardez un film dont vous seriez
l'acteur principal. Vous voyez votre visage déformé par un cri et
par la vitesse, vous imaginez les sensations de vitesse, de peur,
mais ne les éprouvez pas ;

▶ Dans la deuxième expérience, vous êtes véritablement acteur :
vous éprouvez réellement toutes les sensations de vos propres
yeux, c'est votre cœur qui est en train de battre à cent à l'heure.
Vous entendez votre cri de frayeur, vous voyez vos mains agrip-
pées à la barre devant vous, mais vous ne pouvez pas voir votre
visage.

Lorsque vous évoquez un souvenir avec le point de vue de l'acteur,
vous revivez les réactions que vous avez eues alors. Lorsque vous
évoquez un souvenir en étant spectateur, vous vous voyez en train
d'éprouver ces sentiments et sensations d'origine, mais sans les res-
sentir dans votre corps.

Quand vous êtes acteur, vous avez accès aux sensations, aux sentiments de l'expérience ; au contraire, quand vous êtes spectateur, vous
vous coupez des sensations, des sentiments en partie ou en totalité.

**Être acteur, être spectateur, sont des manières très efficaces
de changer la perception de nos expériences
et le ressenti qui en découle.**

Jérôme est coureur de 200 mètres haies. Il vise les prochains championnats
nationaux et se prépare physiquement et mentalement avant les sélections. Pour
améliorer son score, son entraîneur l'a filmé en train de courir. Ainsi, devenu
spectateur de sa course, il peut prendre conscience de sa position lorsqu'il
saute une haie et l'analyser. Une fois le travail fait, il redevient acteur sur le terrain et peut modifier l'impact de son pied sur le sol avant l'élan, les mouvements
de ses bras, le saut de la haie.

L'idéal est de se rappeler nos souvenirs agréables en étant acteur, afin de pouvoir profiter pleinement de toutes les sensations et sentiments positifs qui les accompagnent, et de s'installer en spectateur des souvenirs déplaisants, afin d'en atténuer l'impact. Vous détenez encore toutes les informations mais vous avez pris de la distance et le ressenti est neutralisé.

À vous de jouer

Voilà quelques exercices pour atténuer l'impact des moments inconfortables :

▶ Pensez à un souvenir désagréable. Regardez l'image de ce souvenir d'un autre point de vue que celui de vos propres yeux. Par exemple, faites comme si vous étiez devant votre écran de télévision, ou comme si vous étiez quelqu'un d'autre regardant un film de vous-même dans cette situation...

Vous vous voyez dans l'image en train d'éprouver les sentiments, mais vous ne les ressentez pas dans votre corps. Vous êtes bien le spectateur de cette scène, où c'est vous qui jouez.

Notez comment cela change la qualité de votre expérience.

▶ Projetez sur « votre » écran le film d'une situation désagréable ; vous êtes dans la posture du spectateur et vous vous dites : « Je vois cette personne agacée par tel comportement, j'entends le ton de sa voix qui est sec, rapide... »

▶ Puis concevez une variante à ce film, dans lequel vous êtes le metteur en scène. Comment souhaitez-vous que cette scène soit rejouée ? Vous allez demander au personnage de reprendre la scène et lui donner vos indications : « Tu es très calme... » Comment s'y prend-il pour retrouver son calme ? Que voyez-vous de l'extérieur ? Les gestes, les paroles ? Quelles indications pouvez-vous lui donner pour l'aider à trouver la bonne posture ?

▶ Enfin, vous allez prendre la place de l'acteur. Ce que vous venez d'expliquer à votre acteur en tant que metteur en scène, vous allez le jouer vous-même : reproduisez les gestes tranquilles que vous avez décrits, le ton de voix calme, tous les conseils que vous lui avez donnés pour changer de comportement.

**Développez votre aptitude
à être le spectateur de vous-même**

Voilà trois exercices qui vous permettront de prendre de la distance par rapport à l'ensemble d'une situation, et notamment votre comportement. Vous pouvez décider comment vous voulez vivre telle situation : en tant qu'acteur ou spectateur.

- **Cheese !** Pour apprendre à vous voir, vous pouvez utiliser la métaphore de l'appareil photo. Vous vous regardez à travers un objectif. Regardez-vous de face, de profil, de dos, d'en haut… Vous pouvez aussi vous contempler dans un miroir ; et si besoin, utilisez un vrai miroir ;

- **Créez dans votre tête un écran imaginaire** : imaginez que la surface interne de votre front est un écran de cinéma. Sur cet écran, projetez-vous dans une situation ou une action de votre choix. Vous pouvez tourner le bouton du passé, ou d'un futur agréable dans lequel vous souhaitez vous projeter.

- **« Écoute-toi quand tu parles »** : écoutez vos mots, la tonalité de votre voix, le tempo, le volume de votre voix, vos pauses… Vous pouvez vous enregistrer.

Choisir d'être acteur ou spectateur de soi permet de prendre du recul et d'avoir plus de choix en terme de comportements et d'émotions.

Les positions perceptuelles : trouvez l'accès à de nouveaux choix de comportements

Lorsque nous sommes en conflit avec quelqu'un, nous avons d'abord en tête notre propre point de vue – et c'est humain. Si l'on veut améliorer la relation avec cette personne et sortir de la situation conflictuelle, il est cependant nécessaire de se mettre à la place de l'autre.

Tout ce que nous vivons est « déformé » par le prisme de notre point de vue. Notre perception est limitée car nous filtrons les informations que nous recevons avec nos sens (je ne vois qu'une partie de la scène, je n'entends pas tout), et avec nos croyances, nos valeurs.

À vous de jouer

Nous vous proposons de prendre du recul par rapport à votre perception naturelle. Roberts Dilts, l'un des nombreux chercheurs qui ont développé la PNL, a inventé le modèle des trois positions de perception. C'est un outil pour prendre du recul dans une relation difficile. Il permet d'élargir son champ de conscience, d'envisager d'autres points de vue que le sien, d'acquérir de nouvelles informations qui vont améliorer l'analyse de la situation.

Le modèle de Dilts vous propose d'adopter successivement trois points de vue sur une même situation :

- **Position Moi.** Il s'agit de mon propre point de vue. Je vois le monde avec mes yeux, j'entends ma voix telle que mes oreilles me la restituent et je ressens mes propres sentiments ;

- **Position Toi.** Il s'agit du point de vue de mon interlocuteur, ce qu'il entend de ce que je lui dis, ce qu'il voit et ce qu'il ressent ;

- **Position Observateur.** Il s'agit de la position d'un observateur extérieur à ce qui se déroule, capable d'analyser la situation en se basant sur les faits. Il n'éprouve pas d'émotions, ni ne juge ce qui se passe. Les faits, seulement les faits !

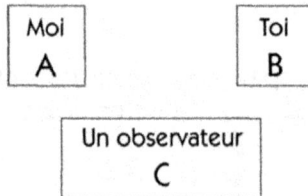

```
┌─────────┐            ┌─────────┐
│  Moi    │            │  Toi    │
│   A     │            │   B     │
└─────────┘            └─────────┘
        ┌─────────────────────┐
        │  Un observateur     │
        │        C            │
        └─────────────────────┘
```

Maintenant, remémorez-vous une situation relationnelle difficile avec l'un de vos interlocuteurs habituels. Puis préparez trois papiers que vous poserez sur le sol : un papier « Moi », un papier « Toi », un papier « Observateur ».

1. Posez vos deux pieds sur le papier « Moi ». Prenez conscience de ce que vous voyez, de ce que vous entendez, de vos sentiments sur la situation, de ce que vous vous en dites et de ce à quoi vous voulez arriver dans votre relation avec l'autre ;

2. Posez maintenant vos deux pieds sur le papier « Toi », l'interlocuteur (l'adversaire ?). Prenez le temps de vous glisser dans la peau de Toi, comme un acteur qui entre dans son personnage. Vous héritez de l'histoire du personnage, de ses perceptions, de ses émotions… Pensez à la

scène qui vous contrariait tout à l'heure, et dans la position de Toi, imaginez ce qu'il voit, entend, ressent ; ce qu'il se dit et ce qu'il veut par rapport à la relation avec Moi.

Prenez quelques instants pour respirer lentement, consciemment ;

3. Posez maintenant vos pieds sur le papier « Observateur », le témoin impartial et neutre. Vous voyez Toi et Moi à distance, comme si vous étiez une caméra qui filme la situation. Écoutez les paroles qui s'échangent, observez les gestes, les attitudes, le ton de la voix, les intonations.

Faites le va-et-vient entre les trois positions pour accueillir les réponses, les objections, les idées nouvelles... Qu'avez-vous découvert ?

Chacun d'entre nous a sa propre vision du monde, qui est unique. On est chacun certain d'avoir raison dans notre vision du monde. Si on ouvre la fenêtre et qu'on va s'installer quelques minutes dans la vision de l'autre, cela va permettre une meilleure compréhension mutuelle et une meilleure communication. Chacun se sentant écouté et compris, nous pourrons aborder un problème commun à résoudre ensemble.

Avant d'aller plus loin

Bien souvent, nous croyons que nous n'avons pas le choix, qu'il n'existe aucune autre solution.

Se donner du choix dans ses pensées, c'est :

- *Acquérir une vision nouvelle de la vie, des événements, des personnes ;*
- *Trouver des réponses plus astucieuses ;*
- *Se créer d'autres alternatives ;*
- *Imaginer d'autres pistes, d'autres réponses.*

Quel bel amortisseur de stress !

Conclusion

« Le cœur donne la direction, le cerveau la solution, le corps la concrétisation. »

Luis Fernandez

Passer du stress à la performance... c'est développer un art de vivre avec quelques composantes fondamentales :

▶ Écouter notre corps, le premier instrument de notre conscience ;
▶ Apprivoiser nos émotions, car elles donnent des indications authentiques sur nos besoins à satisfaire ;
▶ Enfin se donner du choix dans ses pensées, ou tout simplement apprendre à être le pilote de sa barque.

22 conseils pour mobiliser toutes vos ressources

1. **Transition.** Avant de repartir sur une nouvelle activité, étirez-vous, levez les bras et baillez…

2. **Un bon bailleur en fait bailler sept.** Baillez, baillez, c'est la détente naturelle : ouvrez la bouche, prenez une grande inspiration et laissez venir le bâillement. Appréciez la détente…

3. **Relâcher.** Pratiquez le réflexe détente : relâchez les épaules, desserrez les dents, et relâchez votre front.

4. **Relâcher (bis).** Vous avez les épaules et le cou contracté ? Levez les épaules vers les oreilles et relâchez. Faites l'exercice rapidement 10 fois de suite.

5. **Oreilles.** Pour vous stimuler, massez-vous les oreilles de haut en bas, et descendez jusqu'au lobe en l'étirant vers le bas. Appréciez la chaleur… Aviez-vous remarqué à quel point vos oreilles étaient douces ?

6. **Destressez !** Pour juguler votre énervement ou votre stress, pratiquez la respiration abdominale : inspirez par le nez en gonflant le ventre, puis expirez lentement en contractant les muscles abdominaux… Refaites cette respiration 3 à 4 fois de suite, et sentez la détente qui s'installe.

7. **Stimuli.** Afin de mieux comprendre et gérer vos émotions, entraînez-vous à repérer l'élément déclencheur : c'est le rire de cet enfant qui a déclenché ma joie ; le regard noir de mon ami qui a déclenché ma peur…

8. **Gâterie.** « Un plaisir par jour chasse le stress » : qu'avez-vous fait pour vous faire plaisir aujourd'hui ?

9. **Chasse cafard.** Ayez dans votre carnet d'adresses une liste de dix ami(e)s (grosso modo) susceptibles de vous consacrer du temps pour écouter vos états d'âme lorsque vous avez un coup de cafard.

10. **Marche à pied.** Marchez au moins une heure par jour ; préférez l'escalier à l'ascenseur, sortez du métro une station avant la destination prévue. Marcher permet d'évacuer les toxines accumulées dans le corps.

▶ ▶ ▶

▶▶▶

11. **Centré**. Pour vous recentrer, revenir « chez vous », prenez conscience de votre respiration ; l'air qui arrive au bord des narines pendant l'inspiration, va remplir les poumons d'air neuf, qui ressortira un peu plus tiède à l'expiration.

12. **Bonnes ondes**. Pour démarrer la journée du bon pied, branchez votre radio interne sur une onde positive : un sourire, un compliment, une chanson...

13. **L'arbre et la forêt**. Pour prendre du recul et découvrir d'autres points de vue, pratiquez la vision périphérique : voyez l'arbre et aussi la forêt dont il fait partie.

14. **Repos**. Pour reposer vos yeux, frottez-vous les mains et sentez la chaleur qui se dégage, puis mettez-les en coque sur vos yeux fermés. Appréciez cette sensation de chaleur qui détend vos yeux.

15. **Buvez !** Ayez toujours de l'eau à portée de main : une bouteille ou un gobelet sur votre bureau, une bouteille au chevet de votre lit, une petite bouteille dans votre sac... Boire réduit l'anxiété et permet une meilleure circulation de l'énergie dans le corps.

16. **Sortez !** Chaque jour profitez de la lumière naturelle : mettez le nez dehors au lever du soleil, à l'heure du déjeuner, au coucher du soleil...

17. **Objets**. Au bureau, reconstituez-vous un petit monde familier : entourez-vous d'objets et de photos qui vous rappellent des moments agréables.

18. **Assouplissez**. Recadrez votre dialogue intérieur lorsqu'il est trop rigide. Remplacez « il faut absolument que... » par « je choisis de... », remplacez « je dois » par « cela me fait plaisir de ».

19. **Ancre**. Ancrez dans votre corps les moments de votre vie que vous jugez particulièrement réussis : associez un geste simple (pouce et index réunis, doigt qui dessine le sourcil) à la réussite. Vous pourrez retrouver ce sentiment-ressource lorsque vous en aurez besoin ou envie en actionnant « l'ancre » que vous avez posée.

▶▶▶

▶ ▶ ▶

20. **Formidable**. Écrivez sur votre journal personnel toutes les qualités que vous vous reconnaissez : enthousiasme, sociabilité, sensibilité, générosité, rigueur, sens de l'humour... Le jour où le ciel est bas, relisez toutes ces qualités.

21. **Humour**. Cultivez votre sens de l'humour. N'ayez pas peur de rire ! Visionnez des films drôles ou des spectacles de chansonniers. Riez de vous, trouvez ce qui se prête à l'humour dans les situations de la vie quotidienne, dans la rue, au bureau... Le rire contribue à une bonne oxygénation du cerveau et accroît la production d'hormones de bien-être.

22. **Méthode Coué**. Chaque jour, encouragez-vous à l'aide de messages stimulants : « Je suis de plus en plus à l'aise... Ma vie est très précieuse et très riche. »

Bibliographie

Geneviève Manent, *La relaxation pour ensoleiller le quotidien*, Le Souffle d'or, 1995.

> Dans ce guide pratique à l'usage de tous, vous découvrirez de nombreux exercices pour vous relaxer : exercices corporels, jeux sensoriels, exercices de respiration, séances de relaxation...

Isabelle Filliozat, *L'alchimie du bonheur*, Éditions Dervy, 2000.

> « Être heureux, c'est accueillir l'instant, le vivre avec autant intensité que de maîtrise... Savoir affronter le courant la vie, laquelle par l'alchimie du bonheur peut se révéler souvent bien plus simple, et bien plus belle. »

Antoine Onnis, *L'autosuggestion consciente selon Émile Coué*, Éditions Quintessence, 2001.

> Le pharmacien de Nancy, passionné par la puissance et l'influence de la suggestion sur le physique, nous apprend comment mettre en œuvre cette force qui ne demande qu'à nous aider.

Bernard Werber, *Le livre du voyage*, Albin Michel, 1997.

> Ce livre, un ami de papier, vous aidera à explorer votre esprit en vous proposant le plus beau, le plus simple et le plus étonnant des voyages : *« Un voyage dans votre vie, un voyage dans vos rêves, un voyage hors du temps. »*

Richard Bandler, *Un cerveau pour changer*, InterÉditions, 1990.

> Dans cet ouvrage, Bandler nous offre des techniques de changement que nous pouvons mettre en œuvre pour résoudre nos difficultés. Il nous apprend également à modifier notre expérience quand nous n'en sommes pas satisfaits, et à intensifier notre plaisir quand tout va bien.

Partie 3

Faites du temps votre allié

*« Le temps est le capital le plus rare, et si on ne sait pas le gérer,
alors on ne sait gérer rien d'autre. »*

Peter Drucker, « le pape du management »

Nous avons tous « mal à notre temps ». La journée de travail d'un manager est hachée, dérangée par un tas d'événements… et le soir, en quittant notre bureau, nous nous demandons : « Qu'est-ce que j'ai fait ? » Nous avons ouvert d'innombrables dossiers, répondu à des dizaines de mails, passé un temps incalculable en réunion… mais concrètement, qu'avons-nous produit ?

Votre temps, c'est ce que vous faites de votre vie ! L'objectif de cette troisième partie est de vous donner « le mode d'emploi du temps », afin de vous aider à développer équilibre et performance. Nous le ferons en suivant quatre étapes :

- Tordre le cou à ses voleurs de temps ;
- Se connaître dans sa gestion du temps ;
- Découvrir les sept lois du temps ;
- Concrètement, comment gérer son temps ?

Avant de commencer, testez-vous : comment utilisez-vous votre temps ?

Vos journées filent comme des flèches, sans que vous sachiez où passent ces précieuses minutes durant lesquelles vous avez pourtant été occupé comme une abeille ?

Nous vous proposons, au cours d'une journée *typique* – c'est-à-dire, reflétant à peu près votre emploi du temps habituel –, de faire le relevé de vos activités. L'objectif : mieux comprendre l'usage que vous faites de votre temps.

Notez ce relevé sur une fiche dont voici un modèle :

Horaire de début	Tâche	Durée de la tâche

Mode d'emploi de la fiche :

▶ Mentionnez toutes les tâches sans exception. Par exemple, incluez à votre tableau les pauses-café, un collègue qui vient vous dire bonjour… N'oubliez pas de noter les interruptions et leur durée ;

▶ Notez les tâches au fur et à mesure que vous les réalisez, les événements au fur et à mesure qu'ils se produisent, sinon vous risquez d'en oublier ;

▶ Faites ce relevé au cours d'une journée représentative de votre emploi du temps (le jour où rien de spécial n'est prévu, où vous faites un travail habituel).

Tenir ce relevé sera certainement un peu fastidieux… Il vous révélera cependant des informations importantes. À partir des éléments que vous découvrirez, vous pourrez vous fixer des objectifs de progrès.

De plus, à l'instar de nombreuses personnes qui se sont imposé cet exercice, peut-être remarquerez-vous que le fait même de remplir le tableau permet déjà des prises de conscience : « Comment, j'ai passé 13 minutes au téléphone avec ce fournisseur ! » « Quoi, 11 minutes pour faire trois photocopies ! » C'est le premier enseignement de cet exercice.

**Mieux gérer son temps,
c'est d'abord avoir conscience du temps qui passe.**

Une fois que vous avez rempli ce relevé d'une de vos journées, vous pouvez analyser la répartition de votre temps. Nous vous proposons ci-dessous plusieurs indicateurs, que vous pourrez compléter suivant votre fonction et ce qui vous parle :

▶ Faites la somme du temps consacré à des activités imprévues : cet indicateur mesure la maîtrise de l'utilisation de votre temps… Plus le temps imparti aux activités imprévues est faible, plus vous le maîtrisez ;

▶ Faites la somme du temps consacré à des activités directement liées à votre fonction. Quelle proportion du temps employez-vous à travailler pour vous, quelle proportion pour les autres ? ;

▶ Faites la somme du temps imparti à des activités importantes. Combien de temps consacrez-vous à l'essentiel ? Au secondaire ? ;

▶ Puis la somme du temps consacré à des activités urgentes. Quelle proportion de votre temps dédiez-vous à des activités que vous devez faire immédiatement ? Plus ce taux est élevé, plus la pression est forte… et plus le stress vous menace ;

▶ Maintenant, faites la somme du temps consacré à des activités que vous auriez pu déléguer. Qu'en déduisez-vous ?

▶ Combien d'interruptions avez-vous subies au cours de cette journée ? Plus leur nombre est élevé, moins vous maîtrisez votre temps. En divisant le nombre d'heures de travail par le nombre d'interruptions, vous connaîtrez la périodicité moyenne des interruptions et pourrez organiser vos tâches en conséquence. La moyenne nationale pour les managers est une interruption toutes les 15 minutes ;

▶ En fonction de votre activité et de vos habitudes, il peut aussi être opportun de calculer :

- Le temps passé au téléphone, avec le nombre d'appels professionnels/personnels ;

- Le temps passé en réunion, en entretien ;

- Le temps passé à consulter et à répondre aux e-mails ;

- Autres ? À vous de cibler !

Maintenant que vous avez fait votre autodiagnostic, quelles conclusions en tirez-vous ? Sur l'organisation de votre journée ? Sur la structure de votre emploi du temps ?

En supposant qu'il vous soit possible de revivre cette journée, comment la réorganiseriez-vous ?

Le temps selon Zadig

« *Le grand mage proposa d'abord cette question : "Quelle est de toutes les choses du monde la plus longue et la plus courte, la plus divisible et la plus étendue, la plus négligée et la plus regret-tée, sans qui rien ne peut se faire, qui dévore tout ce qui est petit et vivifie tout ce qui est grand ?"*

C'était à Itobad à parler. Il répondit qu'un homme comme lui n'entendait rien aux énigmes, et qu'il lui suffisait d'avoir vaincu à grands coups de lance. Les uns dirent que le mot de l'énigme était la fortune, d'autres la terre, d'autres la lumière. Zadig dit que c'était le temps.

Rien n'est plus long, ajouta-t-il puisqu'il est la mesure de l'éter-nité, rien n'est plus court puisqu'il manque à tous nos projets, rien n'est plus lent pour celui qui attend, rien n'est plus rapide pour celui qui jouit, il s'étend jusqu'à l'infini en petit, tous les hommes le négligent, tous en regrettent la perte, rien ne se fait sans lui, il fait oublier tout ce qui est indigne de la postérité, et il immortalise les grandes choses.

L'assemblée convint que Zadig avait raison. »

Voltaire, Zadig

Chapitre 7

Tordez le cou à vos voleurs de temps

« Le temps perdu, c'est le temps pendant lequel on est à la merci des autres. »

Boris Vian

Épineux sujet : nous savons tous, intuitivement, que nous gérons mal notre temps et – c'est plus fort que nous – nous n'arrivons pas à nous discipliner. Qu'est-ce qui fait que dans une journée, nous n'arrivons pas à faire tout ce que nous avions prévu ?

Lorsqu'on nous pose la question « mais que fais-tu de ton temps ? », spontanément nous nous entendons répondre : « Je reçois beaucoup de coups de téléphone... J'ai passé ma journée en réunion... Mes collaborateurs font appel à moi en permanence... » Et ces réponses sont frustrantes, car elles sous-entendent que le temps nous échappe. Elles disent aussi la chose suivante : tous ces outils ou personnes supposés nous faire gagner de l'efficacité (téléphone, réunions, collaborateurs) nous en font souvent perdre ; quant à nous, nous avons une forte propension à nous laisser envahir.

Ce chapitre a pour objectif d'identifier les voleurs de temps et de donner des moyens opérationnels et simples pour rendre à ces voleurs leur objectif premier : être des outils précieux, dotés d'un mode d'emploi.

Test : quels sont vos voleurs de temps ?

Voilà quelques situations dans lesquelles vous vous reconnaîtrez peut-être. Choisissez les cinq qui vous « parlent » le plus : cela vous donnera une indication sur les premiers voleurs de temps auxquels vous devrez vous attaquer !

▶ Lundi matin, réunion de service. Je ne connais ni l'ordre du jour ni la durée prévue pour la réunion, à vrai dire je me demande ce que je fais là.

▶ Ce formulaire pour poser les dates des vacances, je n'arrive pas à remettre la main dessus. Pas plus que mes notes pour écrire le compte rendu de la dernière réunion, que j'avais promis d'envoyer il y a 3 jours déjà !

▶ « Tu viens boire un café… ? T'es au courant pour Machin… ? Tu me prêtes ton agrafeuse… ? Tu en es où du dossier Chose… ? » Va-t-on me laisser travailler aujourd'hui ?

▶ Je fais souvent des nocturnes pour terminer les notes promises à mon patron ; je relis chaque note plusieurs fois, puis la fais relire par mes collaborateurs : je ne voudrais pas laisser échapper la moindre erreur.

▶ Le téléphone est un outil merveilleux… mais il y a des jours où j'aimerais qu'il s'arrête de sonner. Après la dernière conversation qui a duré un quart d'heure, mon oreille me fait mal, et quel temps perdu !

▶ Ce visuel de publicité, on l'envoie à l'imprimeur, on ne l'envoie pas ? Il est en souffrance depuis 10 jours sur le bureau du big boss, et toujours pas validé.

▶ J'apprécie mon patron, mais quand il vient dans mon bureau, c'est à chaque fois pour me demander de lui pondre une note en urgence… qui n'entre pas dans les priorités que nous avons fixées.

▶ C'est plus fort que moi : j'ai du mal à confier des responsabilités clés aux personnes qui travaillent avec moi ; et les rares fois où ça m'arrive, je briefe, rebriefe, puis contrôle, recontrôle, bref cela me prend deux fois plus de temps que si je l'avais fait moi-même !

▶ Hou la, c'est demain mon rendez-vous avec le comptable ? Zut, aucun document n'est prêt…

▶ Mes collaborateurs me tannent pour que je leur donne ma réponse sur le dossier Tartempion. Mais je n'ai pas pu prendre connaissance de tous les éléments de ce dossier, et puis je voudrais en discuter avec mon chef avant de donner un avis définitif. Du coup, ils sont bloqués pour avancer dans leur travail.

▶ J'ai du mal à rester concentré sur une tâche pendant plus d'une demi-heure ; au bout d'un moment, j'ai envie d'un verre d'eau, ou bien je vais faire un tour sur Internet, ou je lève le nez pour parler à un collègue… cela me pose des problèmes quand je dois plancher sur un dossier un peu compliqué.

▶ Mon bureau donne sur la machine à café, du coup mes collègues passent souvent une tête et je résiste rarement à la tentation de me joindre à eux. Ce n'est pas cela qui fait avancer mon travail… d'ailleurs, j'ai la réputation d'être un glandeur !

▶ Mon péché mignon, c'est la parlotte. J'ai toujours un mot à dire à celui-ci ou celle-là. Mais en plus de faire des gaffes, je passe un peu trop de temps à papoter avec mon voisin de bureau !

▶ Mes collaborateurs se plaignent que je ne leur lâche pas assez la bride. Mais c'est plus fort que moi, je dois savoir où ils en sont, et j'ai besoin de revoir l'intégralité de leur travail pour m'assurer qu'il est bien exécuté.

Vous êtes-vous reconnu ? Quels sont vos principaux voleurs de temps ?

1. ....

2. ....

3. ....

4. ....

5. ....

Comment être plus content de vous à la fin de la journée ? On pourrait suggérer de supprimer tout bonnement ces voleurs de temps que sont le téléphone, la messagerie mail, les réunions, les collègues… Mais ce serait oublier qu'avant d'être des parasites, les voleurs sont d'abord des outils censés nous permettre de… gagner du temps ! Si au lieu de téléphoner nous étions obligés de nous déplacer jusqu'à notre interlocuteur, ou de lui envoyer un pli par le courrier, imaginez le temps perdu…

Le problème, bien sûr, ne réside pas dans les outils en eux-mêmes mais dans leur utilisation abusive ou les interruptions qu'ils provoquent. Très habitués à les avoir sous la main, nous ne réfléchissons plus à leur utilisation optimale pour nous, ni aux limites à fixer (à nous fixer)… et nous en devenons les esclaves !

Nous vous proposons quelques idées très opérationnelles, destinées à vous aider à introduire plus de maîtrise dans la gestion de votre temps.

Le téléphone pleure...

Il y a des jours où Martin se demande si le téléphone portable est une bonne invention. Dès qu'il part en rendez-vous extérieur, en effet, son portable n'arrête pas de sonner. Ses collaborateurs du service commercial, en général assez autonomes, comme par enchantement n'arrivent plus à prendre la moindre décision sans lui demander son avis ! Imaginez la gêne ressentie par Martin quand, devant son client, il doit répondre à l'un de ses collaborateurs au sujet du reporting commercial.

Par sa facilité d'accès, par le fait que tout le monde a le téléphone, cet outil est pour beaucoup d'entre nous le principal voleur de temps.

Bien sûr, le téléphone permet de régler efficacement certains problèmes, plus rapidement qu'un entretien ou une réunion. Mais comment se protéger du téléphone qui envahit tout ? Les deux sphères privé/professionnel deviennent de plus en plus poreuses, surtout lorsque le portable est financé par l'entreprise. On n'ose plus le débrancher, de peur de manquer un appel important. Et l'on devient esclave.

Et vous ?

Combien de temps passez-vous au téléphone chaque jour ? Sont-ce plutôt des appels entrants ou sortants ? Avez-vous l'impression d'être efficace au téléphone ? Quel est votre sentiment lorsque la sonnerie du téléphone retentit ?

Avec votre téléphone, c'est vous le patron !

Si vous avez besoin de vous concentrer pour réaliser un travail de précision, trouver de nouvelles idées... si vous êtes en entretien avec un interlocuteur, quel qu'il soit... si vous êtes sur le point de partir et êtes « limite-limite » au niveau du temps... trouvez-vous légitime que vos rendez-vous soient interrompus par quelqu'un qui, lui, n'était pas prévu au programme ?

Vous êtes en entretien ? Résistez à l'appel du téléphone et à la tentation de décrocher le combiné. Ne trouvez-vous pas impoli pour votre interlocuteur de lui envoyer implicitement le message « celui qui m'interrompt est plus important que vous » ? Bien sûr, il y a certaines interruptions urgentes que vous ne pouvez pas remettre à plus tard. Dans ce cas, prévenez votre visiteur en début d'entretien : « Je risque d'être interrompu pour telle raison », et arrangez-vous pour ne décrocher qu'au moment de l'appel concerné. Prévenue à l'avance, la personne que vous recevez aura moins l'impression de subir l'interruption.

Vous travaillez sur un document un peu sioux et, ping ! le téléphone sonne et vous tire de votre concentration ? C'est votre patron qui vous demande en toute urgence de lui sortir un chiffre avant sa réunion avec les « big boss ». Une interruption téléphonique vous oblige à sortir de la logique du travail que vous en êtes en train de faire, pour entrer dans celle de votre interlocuteur... Ensuite vous devez refaire l'effort de concentration pour retourner à votre tâche : « Alors, où en étais-je ? » Calculez le temps perdu pour une conversation téléphonique de 10 minutes !

Accordez-vous le droit de ne pas prendre un appel lorsque vous ne voulez pas être dérangé : sinon, à quoi bon fermer votre porte ? En entretien, éteignez votre portable ou mettez-le sur boîte vocale. Pourquoi ne l'ai-je pas fait jusqu'à présent ? Nous voulons être disponibles, nous croyons que nos interlocuteurs nous en voudront, mais ne confondons-nous pas *être disponible* et *être à la disposition de* ? Ne nous en voudront-ils pas davantage si nous les envoyons sur les roses sans traiter leur problème ?

Vos interlocuteurs ne voient pas ce qui se passe de l'autre côté du fil. La plupart des gens préféreront cent fois tomber sur un répondeur que d'être mal reçus ou évincés. Sur votre message, indiquez qui joindre en cas d'urgence (un message de moins que vous ne trouverez pas à votre retour !) et à quel moment vous pourrez rappeler.

De l'autre côté... ne tombez pas dans l'excès inverse de ceux qui ne sont jamais joignables. Rappelez *vraiment* ceux qui vous ont laissé un message ; arrangez-vous pour avoir des créneaux où, chaque jour, les gens savent qu'ils peuvent vous téléphoner et vous trouver – des sortes de permanences téléphoniques. Éventuellement, sur votre répondeur, proposez ces plages horaires où vous êtes plus disponible.

Regroupez vos appels

Avez-vous remarqué que certains moments dans la journée sont moins propices pour vous au travail intellectuel ? Et donc plus propices pour téléphoner ? Vous avez besoin de contacts humains, comme une manière de pause... Cela peut être après le déjeuner, quand une sieste serait la bienvenue et que vous avez besoin d'un « stimulant relationnel » ; ou à la fin de journée, entre 17 et 19 heures, quand une vague de lassitude survient et que vous n'arrivez plus à aligner deux idées dignes de ce nom.

Au lieu de décrocher votre téléphone dès que l'idée vous en traverse la tête, bloquez dans votre journée des « séquences téléphone », idéalement situées au moment de vos creux intellectuels. Vous pouvez aussi établir la liste des dix personnes à joindre dans la journée et les appeler. Le premier est injoignable ? Passez au suivant. Vous réduirez ainsi les temps d'attente et les coupures nuisibles à la concentration. Et puis, quelle satisfaction de régler en une seule fois plein de questions que vous gardiez dans un coin de votre tête !

Préparez vos appels

Combien de fois nous sommes-nous retrouvés avec quelqu'un au bout du fil, sans savoir précisément ce que nous attendions de lui ? Et du coup, nous avons dû le déranger de nouveau pour lui demander ou lui donner des informations complémentaires... Ou, à l'inverse, combien de fois avons-nous été dérangés par un interlocuteur qui nous menait dans une conversation désordonnée ?

Avant d'appeler votre interlocuteur, vous serez plus efficace si vous mettez par écrit ou préparez mentalement les quelques points suivants :

- ▶ Quel est votre objectif ?
- ▶ Quelles sont les questions à aborder, les objections à prévoir ?
- ▶ De quelles informations avez-vous besoin avant de vous adresser à lui ? Les avez-vous ?

En réfléchissant à l'avance à ce que vous allez dire, vous améliorez vos chances de régler votre problème en une seule fois et de ne pas multiplier les appels. Pour les entretiens téléphoniques importants, prenez rendez-vous et définissez au préalable l'ordre du jour.

Allez à l'essentiel

Le téléphone est une manière de créer du lien, il peut être très convivial et certaines infos s'échangent plus facilement par oral que par écrit. Cependant, si vous avez l'impression que vos conversations s'éternisent, voilà quelques trucs pour en optimiser la durée :

▶ Annoncez clairement votre prénom, votre nom et votre société. Et après les formules de politesse, précisez l'objet de votre appel : « Je vous appelle pour valider/mettre en place/avoir votre avis/vous demander si… »

▶ Un truc infaillible pour parler moins longtemps : téléphoner debout. « Quelle horreur ! », pensez-vous ? Eh oui, l'inconfort de la position vous incitera à aller à l'essentiel !

▶ Avant de téléphoner, fixez-vous mentalement une durée limite à votre conversation. À l'aide du minuteur placé sur l'écran de votre téléphone, de l'horloge de votre ordinateur ou tout bêtement de votre montre, surveillez le temps qui s'écoule pendant que vous téléphonez. Quoi, déjà un quart d'heure ? Il est temps de conclure.

▶ Si votre interlocuteur tourne autour du pot, posez-lui la question : « Que puis-je faire pour vous ? »

▶ Et s'il s'éternise, vous pouvez clore le débat sur le thème : « Si j'ai bien compris, la prochaine étape entre nous, c'est… Bon, je crois qu'on s'est tout dit, on fait ce qu'on a convenu et on se revoit/rappelle/maile… »

Souriez, vous n'êtes pas filmé !

Au téléphone, le ton de votre voix est primordial : il est le principal message corporel que vous envoyez et doit remplacer la poignée de main, le café qu'on boit ensemble… Faites votre maximum pour adopter un ton le plus chaleureux et sympathique possible. Votre interlocuteur ne voit pas votre air conciliant, vos hochements d'assentiment… Alors, souriez : au téléphone, cela s'entend !

Éconduisez un appel inopportun

Si malgré toutes ces précautions un appel inopportun ou intempestif parvient jusqu'à vous, appliquez cette règle : plus vous serez précis, plus court et efficace sera l'entretien téléphonique :

▸ Si l'appel ne vous est pas adressé, réacheminez-le : « Je ne suis pas le bon interlocuteur, je vous invite à contacter M. Leroy, voilà son numéro... »

▸ Si l'appel vous est destiné mais que vous n'êtes pas disponible : « Je suis désolé, je suis en réunion, pouvez-vous me rappeler ce soir à 17 heures... » Ou bien, si l'appel est important : « À quelle heure puis-je vous rappeler ? »

▸ Si la demande de votre interlocuteur vous semble compliquée, pourquoi ne pas lui demander : « Envoyez-moi un mail détaillé sur ce projet, avec vos questions et attentes, et je reprendrai contact avec vous dans 48 heures. »

Préparé à gérer les appels qui tombent au mauvais moment, vous n'en serez que plus efficace... et moins abrupt à l'égard de celui qui, sans le vouloir, vous dérange.

Sachez conclure

Comme un entretien de vente, un entretien téléphonique se conclut ; c'est la meilleure manière de vous assurer du suivi concret des décisions prises ensemble :

▸ Reprenez les points clés de manière à vérifier la compréhension commune ;

▸ Dès l'instant où votre conversation a porté sur des points importants, notez-les pour vous, puis envoyez-les par mail à votre interlocuteur. Cela évite de les oublier.

Réciproquement... lorsque c'est vous qui appelez, soyez fair-play

Avant d'entrer dans le vif du sujet, assurez-vous que votre interlocuteur est disponible : « Je vous dérange ? » Si le moment n'est pas pratique pour lui, convenez ensemble d'un prochain rendez-vous téléphonique ou demandez : « À quel moment puis-je vous rappeler ? »

S'il est absent et que vous laissez un message téléphonique, donnez votre nom et votre numéro de téléphone au tout début du message. Vous éviterez ainsi à votre interlocuteur le pensum de tout réécouter pour pouvoir noter votre numéro... et augmenterez les chances qu'il vous rappelle.

Optimisez vos réunions et entretiens

Julia lutte contre l'endormissement. Elle est tirée de sa torpeur par la porte qui s'ouvre : c'est Marc, le directeur du service, qui arrive alors que la réunion a commencé depuis 20 minutes. Il lance un tonitruant : « Bon, reprenons ! » Et on se retrouve à la case départ...

Certaines entreprises souffrent de réunionite, à tel point que les journées semblent être exclusivement consacrées à des réunions de tous poils... et il ne reste plus de temps pour assurer le suivi des décisions prises... en réunion. « Mais qu'est-ce que je fais là ? », vous demandez-vous souvent, alors que vous vous trouvez englué dans une réunion fleuve ! Une réunion, moment de rencontre entre des personnes qui travaillent ensemble, devrait toujours avoir un objectif.

Les réunions et leurs objectifs

Sous le mot « réunion » se cache une multitude de réalités et de finalités ! En voilà un panorama :

- **La réunion d'information.** Ce peut être un exposé, comme la restitution d'une étude, la transmission d'un message (top-down, du patron vers « la base »), ou la remontée d'informations (bottom-up, de « la base » vers la direction : « Voilà ce qui se passe sur le terrain ») ;

- **La réunion pour échanger et faire le point.** C'est typiquement la réunion hebdomadaire d'équipe, où on se partage les informations et où chacun tente de répondre à la question « À quel point d'avancement j'en suis sur les différents projets qui m'incombent ? » ;

- **La réunion pour trouver les idées.** C'est le brainstorming, qui part du principe qu'il y a plus d'idées dans plusieurs têtes que dans une seule ;

- **La réunion pour résoudre un problème, pour prendre une décision**... sur la base d'informations qui devraient normalement être partagées par tous *à l'avance*.

La réalité des réunions vécues dans les entreprises est tout autre ; leur conduite est un exercice qui entraîne facilement des dérapages, au niveau de la durée, des digressions... Une réunion mal conduite peut facilement se transformer en cauchemar ! Pourtant, se retrouver pour travailler ensemble reste un passage (presque) obligé pour la prise de décisions « multipartites » ou « bipartites ».

Si vous, votre service ou votre entreprise souffrez de cette maladie fréquemment répandue et appelée « réunionite aiguë », voici quelques méthodes pour croquer ce croque-temps. Logistique, participants, agenda : vous verrez que la réunion comporte de nombreuses facettes, dont aucune ne peut être négligée.

N.B. : l'entretien est en fait une réunion à deux ; les deux types de séances de travail en commun se rejoignent dans la préparation, l'organisation et le suivi.

Et vous ?

À combien de réunions participez-vous chaque semaine ? Cela vous paraît-il trop, pas assez ? Avez-vous le sentiment que ces réunions sont efficaces ? En général, vous sentez-vous acteur pendant les réunions, ou avez-vous l'impression de les subir ?

Êtes-vous sûr que la réunion s'impose ?

Sept réunions dans une semaine de travail qui ne compte que cinq jours, cela commence à faire beaucoup. Si vous êtes dans cette situation, une certaine lassitude vous envahit peut-être à l'idée de perdre votre temps lors de réunions mal préparées... Sans comptez celles où vous ne vous sentez pas indispensable.

Avant de décider d'une réunion, l'initiateur doit se poser les quatre questions suivantes :

▶ Pourquoi se réunir ? Quel est l'objectif de la réunion ?
▶ Cette réunion est-elle vraiment nécessaire ?
▶ Peut-elle être remplacée avantageusement par un autre moyen ?
▶ Qui inviter ?

Si l'objectif de la réunion est d'informer, une note (un mail) envoyée à tous les participants éventuels ne sera-t-elle pas plus efficace ? Ou un *groupware*, document partagé par plusieurs personnes sur l'intranet, permettant à chacun d'intervenir et de donner ses idées ? Une conférence téléphonique, moins conviviale, comporte l'avantage d'annuler le temps de transport et de limiter celui de la réunion...

Avant de décider si la réunion s'impose, vous pouvez aussi faire ce petit calcul économique : taux horaire x nombre de participants x durée de la réunion + frais de déplacement + coût de la location de la salle. Ne va-t-on pas organiser une réunion qui coûte 1 500 € pour prendre une décision dont l'enjeu est 150 € ?

Six idées pour réussir sa conférence téléphonique

Avec le développement et l'amélioration des techniques de communication à distance, la conférence téléphonique et la vidéoconférence sont de plus en plus utilisées... Nouvel outil, nouvelles dérives : nouvelles règles pour optimiser le temps de tous !

- Cadrez soigneusement les objectifs, l'ordre de prise de parole, l'horaire de début et de fin... Confirmez 24 heures avant avec un mail de relance ;
- Attention à la cacophonie durant la conférence ! C'est l'animateur le chef d'orchestre : à lui de distribuer la parole, on ne parle que si l'on a été invité à le faire ;
- Identifiez-vous avant de prendre la parole ;
- Efforcez-vous de rester concis et précis ;
- Prenez le temps de conclure et reformuler les décisions prises et le plan d'actions ;
- Confirmez par écrit : envoyez le jour même votre compte rendu.

Préparez, préparez...

Combien de fois les gens se demandent pourquoi ils sont là (défaut d'objectifs) ou se mettent au parfum pendant la réunion (défaut d'information). Les symptômes de ce manque de préparation sont des bâillements mal réprimés, des participants dans la lune, d'autres qui lisent les notes d'informations intitulées « à lire avant la réunion » ou certains qui murmurent à voix plus ou moins basse.

Une réunion bien préparée, c'est 70 % du résultat.

Préparer sa réunion, c'est TOP

La méthode TOP peut vous servir d'aide-mémoire lorsque vous organisez une réunion :

- **T comme thème** : quel est le thème ? À définir pour vous, puis à indiquer en tête de l'invitation/ordre du jour que vous enverrez à tous les participants. Le thème, cela peut être par exemple : « Comment mieux satisfaire nos clients ? Réunion d'information hebdomadaire… Remontée d'informations des commerciaux… »
  Le thème, par essence, est assez large mais donne la tonalité et répond à la question : « De quoi s'agit-il ? »

- **O comme objectif** : quels sont les objectifs ? C'est-à-dire, à quels résultats doit-on arriver à la fin de la réunion ? « Lorsque les participants se lèveront, un plan d'action doit avoir été trouvé pour améliorer la satisfaction des clients… Tous les commerciaux présents auront donné leur feed-back sur leur prospection des derniers mois, analysé les objections soulevées par les prospects et énuméré les contre-arguments… »

- **P comme plan** : quel est le plan ? Combien de temps la réunion va-t-elle durer, par quel point va-t-on commencer, quel déroulement va-t-on suivre ? C'est le fil conducteur.

Vous pouvez utiliser le TOP pour structurer votre invitation. Et au début de la réunion, rappelez le TOP et inscrivez-le sur le *paper-board*.

Fixez des temps tout le temps

Pour chaque réunion, même et surtout celles qui reviennent régulièrement, prévoyez toujours une heure de début et une heure de fin. Respectez ces horaires : commencer une réunion en retard, c'est pénaliser ceux qui sont arrivés à l'heure et leur envoyer le message : « La prochaine fois, vous pourrez arriver un quart d'heure après le début fixé. » Essayez aussi, à 5-10 minutes près (on est en France, quand même, pays à moitié latin… !) de terminer votre réunion à l'horaire prévu : les participants ont d'autres contraintes et se sont organisés en fonction de la durée que vous leur avez indiqué. Respecter leurs engagements est une manière de les respecter, eux.

Prévoyez également combien de temps vous allez passer sur chaque point. Ce minutage précis permet d'éviter les dérapages ou l'oubli d'éléments importants… ce qui arrange parfois tout le monde ! Soyez le plus réaliste possible au moment de fixer l'agenda, mais si au début de la réunion un participant vous suggère que les objectifs sont trop ambitieux par rapport au temps imparti, décidez ensemble quels sont les points prioritaires et reportez les autres. Ce sera plus efficace qu'une réunion fleuve.

Pour faciliter la concentration, une réunion ne devrait jamais excéder 1 h 30. Si elle dure plus longtemps, mieux vaut prévoir une pause. Nommez un *time keeper*, gardien du temps qui vous aidera à surveiller ce « plan de vol » et le fera respecter : combien de temps nous reste-t-il encore ? Ce rôle est un peu ingrat, celui de l'empêcheur de digresser en rond. Il est pourtant nécessaire : essayez de choisir une personne ferme et courtoise.

Quels participants ?

En tant qu'organisateur, c'est à vous que revient l'initiative délicate de définir « qui vient, qui ne vient pas ». Lorsque nous sommes invités à une réunion, il est difficile de répondre : « Cela ne me concerne pas, merci. » Nous ne voulons pas avoir l'air en dehors du cours des choses. En revanche, si nous ne sommes pas invités à une réunion qui nous concerne, c'est très frustrant ! Afin de ne pas perdre le temps des collaborateurs de votre société et de restreindre le groupe aux seules personnes concernées – ah, le pouvoir de nuisance de quelqu'un qui n'a rien à faire là ! – prenez soin de bien cibler votre liste.

Avant d'ajouter un nom sur la liste, vous pouvez vous poser ces questions :

▶ En quoi cette personne est-elle concernée par le thème de la réunion ? Par exemple, c'est un des commerciaux qui fait le reporting/un des membres de l'équipe/l'information donnée par la réunion l'aidera directement dans son travail…

▶ Quelle est sa valeur ajoutée sur le sujet ? Accessoirement, quel pourra être son rôle le jour de la réunion (*time keeper*, rédacteur du compte rendu…) ?

▶ Doit-elle participer ou juste être informée de l'existence de la réunion puis recevoir le compte rendu ?

Pour mémoire, une réunion de type « confrontation d'idées/prise de décision » ne devrait pas dépasser sept à huit personnes… Une réunion d'information peut réunir un nombre de participants plus important.

Fignolez les détails logistiques

Une réunion réussie est très souvent… une simple affaire de logistique. Les aspects matériels ne sont en général ni compliqués ni très consommateurs de temps, en revanche ils se prévoient avant la dernière minute :

▶ Réservez ou faites réserver à l'avance la salle la plus adaptée : pas trop grande, pas trop petite, avec possibilité d'utiliser un vidéo-projecteur si besoin est… Communiquez le lieu lors de l'invitation, avec un plan d'accès si la réunion est prévue à l'extérieur de l'entreprise ;

▶ Envoyez à l'avance les documents à analyser et éléments d'informations utiles pour prendre la décision : tout ce qui peut être fait/lu/pensé avant est bon à prendre !

▶ La veille de la réunion, prévoyez et réunissez tout le matériel nécessaire (*paper-board*, vidéo-projecteur, dossiers photocopiés…) ;

▶ Installez la salle le plus tôt possible, pensez au café et aux bouteilles d'eau (nécessaires pour renforcer la convivialité et prévenir d'éventuels endormissements) ;

▶ Et le jour J, arrivez en avance pour accueillir les participants !

Assumez votre rôle de chef d'orchestre

À chacun sa partition : en tant qu'animateur, votre travail est de proposer des méthodes de travail et de réguler les échanges. En clair, les participants apportent leurs connaissances, expériences et contraintes ; à vous de les faire travailler ensemble.

Ce travail passe par des jalons, des relances :

▶ Reformulez et faites régulièrement des mini-synthèses : « Si j'ai bien compris ce que vous venez de dire… »

▶ Relancez le débat : « Est-ce vraiment le meilleur moyen ? Avons-nous une alternative ? »

▶ Recentrez : « Hum, ce point a-t-il un rapport direct avec notre sujet ? »

▶ Faites préciser : « Pouvez-vous nous donner un exemple ? »

▶ Explorez les silences : « Et vous Paul, qu'en pensez-vous ? » Formulez le ressenti d'un participant qui a du mal à s'exprimer : « Je vous sens dubitatif… »

▶ Stimulez : « Avons-nous fait le tour du sujet ? Pour ma part, je voudrais vous proposer… »

▶ Valorisez les idées émises : « On fait un pas de géant avec ce que vous venez de nous dire ! »

Vous l'avez compris, votre rôle pendant la réunion consiste à impliquer tout le monde, c'est-à-dire autant à faire parler les silencieux qu'à modérer les plus bavards !

À vos stylos

Que de temps perdu quelquefois en ping-pong verbal… Échanges pas toujours aimables entre deux personnes, dont sont exclus les autres participants de la réunion – en plus, il est difficile d'en garder une trace exploitable. Plutôt que de faire parler, faites écrire ! Vous cherchez des idées sur un thème ? Vous voulez répertorier les objectifs clients ? Pour réaliser la technique du *brain-writing*, vous avez besoin d'un bloc de post-it et d'un grand tableau :

▶ Chaque participant est muni d'une dizaine de post-it, et reçoit la consigne « Un post-it, une idée ! » Le travail se fait en silence ;

▶ Puis vous collectez les post-it et les collez sur le tableau ; à l'avance, vous avez pensé à quelques grandes catégories (objections sur le produit, objections sur le vendeur, objections qui n'en sont pas…) et, avec l'aide des participants, vous regroupez les post-it en fonction de leur catégorie.

Vous verrez que cette technique permet de récolter et trier un grand nombre d'idées en un temps record ! Elle est multifonction : vous pouvez l'utiliser pour lister des idées, des solutions, des causes à un problème...

Soyez tourné vers l'action

Raisonnez en terme d'actions à entreprendre plutôt que de problèmes à débattre. Si des critiques ou des tensions émergent, accusez réception et demandez : « Que pouvons-nous faire ? » Cela sera plus efficace qu'une chasse à l'homme « cherchons le coupable » !

Faites le compte rendu en temps réel

Finis les comptes rendus qui arrivent deux semaines après, alors que tout le monde a oublié pourquoi on s'était réuni... Le meilleur compte rendu est celui qui arrive quelques heures après la fin de la réunion. Comme souvent, c'est un travail à la portée de tous, qui demande juste de s'organiser un minimum avant, pendant et après :

- Avant la réunion :
  - Demandez à l'un des participants s'il accepte de prendre des notes ;
  - Prévoyez pour votre scribe un ordinateur portable (ou demandez-lui d'amener le sien) ; branchez cet ordinateur sur un rétroprojecteur, afin que l'ensemble des participants puissent voir le compte rendu s'établir au fur et à mesure (cela les aide aussi à suivre le déroulement de la réunion) ;
  - Préparez un document Word comportant déjà date, objet, liste des participants invités, agenda. Le scribe prendra des notes sur ce document.

- Pendant la réunion :
  - Reformulez les décisions prises, synthétisez les idées émises : cela facilitera la prise de note ;
  - Tout le monde peut voir le compte rendu se construire sous ses yeux : quelqu'un n'est pas d'accord ? Un doute, une incompréhension ? Chacun peut intervenir pour donner ou demander une précision.

- **Immédiatement après la réunion**, récupérez le document, relisez-le et éventuellement rectifiez-le (un compte rendu est quand même l'occasion de faire passer quelques messages...). Notamment, mentionnez les décisions prises, les prochaines étapes pour chacun, et la date de la prochaine réunion sur le sujet. Puis, très vite, envoyez-le aux personnes concernées : les participants et les personnes intéressées par l'information.

Demandez du feed-back

N'avez-vous jamais l'impression qu'une réunion s'est mal passée, alors qu'en fait les participants étaient satisfaits ? Ou (moins agréable), vous êtes parti content d'un entretien ou d'une réunion, et on vous en a fait par la suite un feed-back négatif ?

Pour évaluer la perception des participants, et être fixé sur les points qui ont marché et les points à améliorer, posez directement la question aux participants 5 minutes avant la fin de la réunion :

▶ Soit en faisant un tour de table (l'avantage c'est que les points de vue se nourrissent les uns les autres, l'inconvénient c'est l'esprit d'entraînement du groupe, et puis il y a des choses qu'on ne peut pas dire devant tout le monde) ;

▶ Soit en leur demandant de répondre par écrit à vos questions (c'est plus formel mais cela permet à ceux qui jouent le jeu de dire des choses plus fines).

Voici quelques questions que vous pouvez poser sur le thème « un point fort, un point d'effort » : qu'avez-vous apprécié pendant cette réunion ? Qu'est-ce qui vous a gêné ? Et, notamment :

▶ Les objectifs ont-ils été atteints ?

▶ Le timing et le déroulement ont-ils été respectés ?

▶ Les participants sont-ils satisfaits ?

▶ La réunion a-t-elle produit plus de richesse qu'elle n'en a consommée ?

▶ Comment faire mieux la prochaine fois ?

Les bilans sont importants, car ils rendent la parole aux participants et permettent de désamorcer les insatisfactions et l'agressivité latente ; cependant, vous ne pouvez pas faire un bilan à chaque fois. Ils sont particulièrement utiles pour les réunions qui reviennent régulièrement, où les participants sont *grosso modo* les mêmes : faire un bilan tous les deux, trois mois est alors un exercice très salutaire !

Disciplinez votre messagerie électronique

François travaille dans un groupe international, avec des filiales sur différents créneaux horaires. Les mails arrivent même quand il dort ! Et le matin, à 8 h 30, quand, une tasse de café à la main, il allume son ordinateur, il en a pour deux heures à traiter tous les e-mails. Il en reçoit une centaine par jour ! Certains le concernent directement, d'autres sont juste « pour info », d'autres enfin sont mal acheminés. Comment discerner ceux qu'il doit traiter en priorité de ceux à lire en diagonale ou de ceux à ré-acheminer ou tout bonnement à supprimer... sans y passer sa journée ?

Vous rappelez-vous votre vie avant la messagerie e-mail ? Les trafics de disquettes, les plis interservices, dix fois plus de courrier... Et aussi moins de blagues et de liens avec nos amis du bout du monde. L'e-mail, ce mode de communication pratique, rapide et peu onéreux, a révolutionné la communication à l'intérieur des entreprises – donnant une impression, parfois fausse, de grande fluidité. Mais la profusion de mails que vous recevez chaque jour vous le fait clairement comprendre : mal utilisée, une messagerie mail devient un fléau.

Sa facilité d'utilisation peut se transformer en piège : on appuie sur la touche « envoyer » et hop ! la boulette est partie, ou hop ! on a arrosé dix fois trop de destinataires, dont pas un ne saura donner la réponse que vous attendez. Et bien sûr, il y a tous ceux que vous recevez et que vous êtes bien en peine de savoir comment traiter. Tous ces problèmes qui vous sont soumis et encombrent un coin de votre tête...

Combien en reçoit-on ? Cela varie selon les secteurs d'activité : lorsque nous faisons un tour de table dans un séminaire de gestion du temps, les participants affirment recevoir en moyenne cinquante e-mails par jour. Pas question pour autant de s'en passer, si l'on respecte et fait respecter quelques règles.

Balayez d'abord devant votre porte !

Et vous ?

Combien d'e-mails recevez-vous par jour ? Parmi ceux-ci, combien vous concernent réellement ? Combien de temps passez-vous à les traiter ?

Et combien en envoyez-vous ?

© Groupe Eyrolles

Luttez contre l'inflation d'e-mails

Cette lutte commence par ceux que l'on envoie soi-même. « Quoi, mais les mails que j'écris sont toujours fondés et utiles, et destinés aux bonnes personnes... ! » Hum, hum, en êtes-vous sûr ?

Et vous ?

Lorsque vous envoyez un mail...

▶ Limitez-vous le nombre de destinataires ?

▶ N'envoyez-vous jamais un e-mail à des listes entières de distribution, histoire de vous border ?

▶ Mettez-vous en destinataires « À » les personnes réellement concernées et en copie « Cc » les autres personnes que vous souhaitez juste tenir informées ?

▶ Mettez-vous toute votre hiérarchie systématiquement en copie, ou avez-vous compris que trop de communication, c'est le meilleur moyen de vous décrédibiliser ?

Précisez l'objet du message

Combien de mails importants sont passés à la trappe parce que l'objet était inexistant ou mal formulé ! Lorsque vous êtes l'émetteur du message, veillez à ne pas commettre la même erreur et soyez précis d'entrée – sinon votre e-mail aura été un coup d'épée dans l'eau.

L'objet est la porte d'entrée dans votre message, celui qui donne le signal « ouvrez-moi, lisez-moi, ceci vous concerne ». Fournir une clé d'entrée précise à votre destinataire vous demande un petit effort de réflexion et de recul, mais augmente considérablement vos garanties d'être lu, puis suivi d'effets !

▶ La première question à vous poser pour formuler l'objet, est : « De quoi s'agit-il ? » Votre destinataire doit le comprendre dès le début. S'il ne vous connaît pas et n'a donc aucune idée de ce dont vous voulez lui parler, cet effort de précision est encore plus important ;

▶ La deuxième question à vous poser est : « Une fois que mon destinataire aura lu cet e-mail, quelle action est-ce que j'attends de lui ? »

Un objet bien formulé serait par exemple : « Charte du reporting commercial, à lire avant la réunion du 12 mars. »

Exercice

Reprenez les cinq derniers mails professionnels que vous avez envoyés et relisez l'objet. Pour chacun, votre destinataire sait-il d'entrée ce dont il s'agit et ce que vous attendez de lui ?

Si la réponse est « non », reformulez l'objet.

Témoignez de la considération à votre interlocuteur

L'e-mail est un moyen d'entrer en contact avec les gens et de faire passer des informations... Mais c'est aussi votre carte de visite et celle de votre entreprise. Mal rédigé, il laissera une impression déplorable à vos lecteurs.

Les défauts les plus communément observés sont :

▶ Une orthographe défectueuse, une ponctuation absente : comme si le média « mail » nous affranchissait des règles de français... Alors, soignez votre orthographe et mettez des points en fin de vos phrases ! La ponctuation a pour but de mettre le ton. En règle générale, faites attention à l'humour et au sarcasme, qui peuvent être mal compris par mail. Il manque à votre correspondant le ton de votre voix, votre gestuelle... Restez factuel et réservez plutôt l'humour pour le face-à-face (ou les copains) ;

▶ Un style texto, des abréviations comme « cdltmt » pour « cordialement »... À ce moment-là, ce n'est plus cordial du tout ! Alors... soyez vraiment cordial et écrivez les mots complets, en français correct, comme dans les bonnes vieilles notes de service ;

▶ L'oubli des formules de politesse d'entrée et de sortie. On est tellement pressé d'entrer dans le vif du sujet qu'on oublie qu'on s'adresse à une personne. Alors... à la relecture de votre mail, ajouter un « bonjour » ou un « cher Monsieur » et terminez par un « cordialement » ou toute autre formule d'adieu que vous aimez utiliser – « Veuillez agréer l'expression de mes sentiments distingués », cela risque d'être un peu trop pour un mail !

◗ Des mails fleuves où votre interlocuteur se perd... Soyez bref, précis et concis ; si cela peut vous aider, reprenez l'idée évoquée pour les réunions « un post-it, une idée » et transposez-la lorsque vous écrivez un e-mail important : « un paragraphe, une idée » !

Et comme toute carte de visite qui se respecte, insérez une signature à la fin de chaque mail comprenant toutes vos coordonnées et celles de votre entreprise. C'est très confortable pour votre interlocuteur, s'il veut vous joindre par téléphone ou vous envoyer un pli par la poste, de ne pas devoir fouiller sa boîte de réception de fond en comble pour enfin tomber sur celui où vous donnez vos coordonnées – pour peu qu'il ne l'ait pas effacé.

Relisez-vous

Aussitôt rédigé, aussitôt expédié... Surtout pas, malheureux ! La précipitation se paie comptant. Après avoir rédigé un e-mail, faites-le reposer (comme la pâte à crêpes). Fixez ce temps arbitrairement : « Je l'envoie dans une heure/ce soir/demain matin. » Puis au bout de ce laps de temps, relisez-le : les fautes d'orthographe vous sauteront aux yeux, ainsi que les imprécisions dans les faits et les demandes : vous pourrez les rectifier ! Sans oublier d'ajouter une formule gentille qui était passée à la trappe... et d'arrondir les angles si besoin est.

Cette nécessité du repos s'applique d'autant plus si le mail auquel vous répondez vous énerve. Si vous éprouvez le besoin de rédiger la réponse immédiatement pour vous défouler... attendez le lendemain pour appuyer sur le bouton « Envoyer ». La nuit vous aura permis de vous calmer et de remettre les choses en perspective... et vous ne serez pas tenté d'envenimer la situation par des propos incendiaires. Probablement, vous jetterez à la poubelle votre réponse écrite sous le coup de l'énervement, pour en rédiger une beaucoup plus mesurée et réaliste.

Et lorsque vous répondez à un message envoyé à plusieurs destinataires, n'abusez pas de la fonction « Répondre à tous ». Quarante personnes n'ont pas besoin de savoir que vous serez présent à la réunion du 10... Pensez aussi à modifier l'objet si le propos de votre message n'a plus rien à voir avec l'ancien.

L'e-mail n'est pas toujours le meilleur moyen

Nous pestions tout à l'heure contre les interruptions téléphoniques, et c'est vrai que l'e-mail a cet avantage d'être un mode de communication disruptif : on rédige ses mails quand on veut et on y répond quand on veut (dans les limites de délais raisonnables).

Si toutefois au bout du troisième ou quatrième aller-retour avec votre interlocuteur, les choses piétinent… plutôt que de prolonger cette partie de ping-pong, réemployez les bonnes vieilles méthodes et décrochez votre téléphone ! De vive voix avec la personne, tout devient beaucoup plus simple.

Ce conseil s'applique aussi au cas où vous avez adressé un mail resté sans réponse ; contacter un interlocuteur par écrit est peut-être plus confortable pour vous, mais si vous sollicitez un service de sa part (ou si vous avez l'intention de lui vendre quelque chose), lui parler de vive voix s'avérera sans doute plus convaincant.

Triez par dossier

L'e-mail a un aspect si informel que le réflexe premier n'est pas de le ranger dans une case, le trier et s'en servir comme document de travail de référence (ce qu'il est pourtant quelquefois). Mais tant d'informations sont transmises par e-mails qu'il devient important de les conserver et de les archiver.

À l'instar de vos dossiers papiers rangés dans des casiers ou des armoires, vous pouvez créer dans votre boîte de réception des dossiers et sous-dossiers par thème ou destinataire. Après les avoir lus, vous les rangerez dans les dossiers *ad hoc*. Encore mieux, vous pouvez créer des règles de message, les mails sont alors classés automatiquement ! Vous pouvez ainsi traiter les mails selon vos priorités de destinataires ou de thèmes. Dans tous les cas de figure, vous retrouverez plus facilement le mail et l'information que vous cherchez.

Et vous

Avez-vous exploré toutes les fonctionnalités de votre messagerie ?

Allez à l'essentiel

Avez-vous fait le calcul du nombre d'e-mails que vous recevez chaque jour, et du temps consacré à les traiter tous ? Étant donné la quantité d'e-mails reçus, allez à l'essentiel : ne traitez que ceux dont vous êtes destinataire direct ; archivez ou supprimez les autres.

Fixez-vous un délai maximal pour traiter ces e-mails qui vous concernent directement ; transmettez à la bonne personne ceux qui ne vous concernent pas ; bref, ne laissez pas pourrir une réponse, même si elle vous embête...

Protégez-vous des interruptions

Une messagerie e-mail, c'est comme un doudou ! Certains y sont accros au point de regarder toutes les 5 minutes s'ils ont un nouveau message ; et foin de la concentration, foin des interlocuteurs, ni vu ni connu, ils vérifient leur boîte de réception... Quel temps perdu dans cette attente fébrile, puis dans le traitement des messages – pas toujours de la manière la plus pertinente.

Tout comme le téléphone, les jours où vous devez vous surpasser en efficacité (tous les jours ?), fermez votre boîte de réception et bloquez dans la journée des séquences mails où vous lisez vos e-mails et y répondez. Vous serez beaucoup plus efficace dans le traitement de chaque message.

Avec vos collaborateurs : non à l'envahissement, oui à l'empowerment !

Isabelle court dans le couloir : elle a deux minutes de retard pour un entretien avec son manager. Elle tombe sur Michaël, qui lui est rattaché... « Ah ! Isabelle, tu tombes bien, j'ai un gros souci sur le dossier Ficelles. Écoute, j'ai fait tout ce que je pouvais mais là il faudrait vraiment que tu regardes pour prendre la décision. C'est assez urgent. » Isabelle est pressée : « OK, je m'en occupe. »

Le lendemain, Michaël passe la tête par la porte du bureau d'Isabelle :

« Alors, qu'en penses-tu ?

— Heu, de quoi ? (Elle a complètement oublié.) Ah oui, ton dossier Ficelles ! Merci de me le rappeler, je m'en occupe tout de suite. »

Moralité : Isabelle assume une partie du travail de ses collaborateurs à leur place.

Le samedi suivant, elle revient même au bureau pour terminer *son* travail… et tombe sur une affiche : « Match de foot interservices : venez tous samedi matin ! » C'est le coup-de-poing : pendant qu'elle fait des heures sup', toute l'entreprise joue au foot… Elle décide alors de rentrer chez elle et passe un week-end en famille.

Lundi matin, Isabelle invite les membres de son service, un par un, à venir dans son bureau : « OK pour t'aider à devenir plus performant, mais pas pour faire le travail à ta place. » Depuis, son service tourne beaucoup mieux[1].

Êtes-vous sûr de ne pas assumer une partie du travail de vos collaborateurs en plus du vôtre ? Ces collaborateurs qui entrent dans votre bureau à n'importe quel moment ; qui, entre deux portes, vous « refilent » des dossiers chauds ; qui vous sollicitent pour tout et n'importe quoi, et vous donnent l'impression (justifiée) d'un débordement permanent… Les tâches auxquelles vous consacrez l'essentiel de votre journée appartiennent-elles à votre cœur de métier, ou travaillez-vous principalement pour les autres ? Subissez-vous ce qu'on appelle la « délégation à l'envers » ?

Face à un problème épineux, nous sommes tous tentés de repasser le bébé (le singe) à quelqu'un d'autre. En tant que « chef », vous êtes particulièrement exposé : c'est vous le responsable et en cas de pépin, il est bien confortable pour vos collaborateurs de pouvoir se défendre : « Ah, mais le chef était au courant… »

Nous sommes tous flattés quand les autres ont besoin de nous. Et nous n'avons pas envie de passer pour un manager qui se défile. Mais face à un collaborateur qui vous amène un problème, il existe d'autres solutions que de régler le problème à sa place.

Voilà quelques idées pour ne plus vous laisser repasser le singe !

Et vous ?

Quels sont les trois derniers singes dont vous avez hérités ?

---

1. Cet exemple s'inspire de l'article "Management Time, Who's got the Monkey", paru en 1974 dans la *Harvard Business Review*.

Respectez le temps de vos collaborateurs

Plutôt que de faire de grands discours, avant d'instaurer des règles que vous ne respecterez pas... Soyez un exemple ! La ponctualité est importante pour vous ? Soyez ponctuel lors de vos rendez-vous avec vos collaborateurs. Vous n'aimez pas qu'on entre dans votre bureau comme dans un moulin, ni être interrompu à tout bout de champ ? Ne venez pas les déranger sans arrêt avec vos demandes impromptues. Et ainsi de suite.

Exercice

Sondez vos collaborateurs : quelle perception ont-ils du temps que vous passez avec eux ?

Interruptions : feu rouge, feu vert

Ras-le-bol d'être dérangé pour un oui ou pour un non ? Afin de ne plus être sollicité à des moments où vous n'êtes pas disponible, définissez avec votre équipe quelques règles simples et qui correspondent à votre mode de fonctionnement. Par exemple : « Porte ouverte = vous pouvez entrer. Porte fermée = ne pas déranger. »

Comme pour le téléphone, vous pouvez avoir des horaires de « permanence », c'est-à-dire des moments dans la journée ou la semaine où vos collaborateurs sont sûrs de vous trouver disponible pour aborder des sujets qui leur tiennent à cœur. Vous pouvez même afficher ces horaires sur votre porte, ce sera moins frustrant pour eux lorsqu'ils trouveront porte close ! Respectez ces temps affichés (ne prenez pas de rendez-vous à ces moments-là) et profitez-en pour programmer des tâches exigeant moins de concentration, qui ne pâtiront pas des interruptions.

Demandez-leur de regrouper et de noter les points qu'ils veulent aborder avec vous ; faites de même lorsque vous allez les voir, cela vous évitera de les déranger (et de vous déranger) plusieurs fois.

Prenez du temps ensemble

De manière plus formelle, définissez à l'avance avec vos collaborateurs des rendez-vous individuels et des réunions d'équipe : selon les activités et la personnalité de chacun, cela peut être toutes les semaines ou tous les 15 jours. Vous ferez le point sur les travaux en cours, définirez les priorités à venir, vous vous tiendrez au courant des difficultés, sans oublier de vous intéresser aussi à la personne…

Si le laps de temps entre deux entretiens est supérieur à dix jours, arrangez-vous tout de même pour garder le contact : par un mail, une brève tête passée dans le bureau : « Tout va bien ? Je peux vous aider ? » Les équipes augmentent leurs performances quand elles ont des contacts fréquents et brefs.

Le corollaire de ces rendez-vous programmés est de refuser les entretiens entre deux portes… à coup sûr, c'est un singe ! Proposez au collaborateur qui s'adresse à vous de passer dans votre bureau, à un moment pratique pour tous les deux (si possible le même jour).

Déléguez les bonnes activités aux bonnes personnes

C'est entendu, vous ne pouvez pas tout faire… On attend même de vous que vous *fassiez faire* au maximum ! Mais déléguer s'avère souvent un art plus délicat que faire par soi-même. Pour vous y aider, ce petit précis de la délégation…

Petit précis de la délégation

Analysez les compétences : où s'arrête votre fonction et où commencent celles de vos collaborateurs ? Que fait chacun bien et avec plaisir ?

Définissez pour vous-même les tâches que vous souhaitez déléguer.

Adaptez le type de délégation à la personne. Selon les compétences et l'expérience de chacun, vous opterez pour une délégation totale ou partielle de la tâche :

• Avec un collaborateur récent et peu expérimenté, préférez le style directif, centré sur la tâche : vous lui expliquez le travail étape par étape (qu'il suivra scrupuleusement : pas d'autonomie dans l'exécution) ; les points de contrôle, fixés par vous, seront très fréquents : vous lui laissez une faible latitude d'action ;

▶▶▶

⟩⟩⟩

- Avec un collaborateur jeune qui a déjà quelques années d'expérience, vous adopterez un style persuasif, centré sur les enjeux : vous définirez la mission et lui demanderez quel plan d'action il compte mettre en œuvre ; puis vous l'améliorerez avec lui en mettant les enjeux en évidence. Définissez ensemble les points de contrôle, qui seront relativement fréquents ;

- Avec un collaborateur expérimenté, motivé et qui « tourne bien », vous opterez pour un style délégatif : vous définirez ensemble les objectifs et les grandes lignes de la mission, et lui donnerez l'autonomie et les marges d'action pour décider. Il sait qu'il peut venir vous voir en cas de besoin, mais il ne vous rendra compte de son travail qu'à la fin de la mission, au vu des indicateurs ;

- Avec un collaborateur expérimenté mais qui manque d'assurance et de motivation, adoptez un style relationnel : sollicitez son expérience et son avis, reconnaissez-le, montrez-lui que vous avez besoin de lui : « Il n'y a que toi qui peux faire cela. »

Établissez un plan de délégation : avec votre collaborateur, définissez concrètement le résultat attendu et le délai. Précisez les règles du jeu, clarifiez les limites, définissez les points de contrôle, ainsi que ses marges d'autonomie et de décision… Pour établir ce plan, vous devez pouvoir répondre avec lui aux questions : qui, quoi, où, quand, comment, combien, pourquoi ?

Procédez au suivi : à vous de suivre ! Adaptez votre distance à la personnalité et au degré de maturité de votre collaborateur. Interdisez-vous tout caporalisme et acceptez les manières de faire différentes… même si c'est parfois difficile. Acceptez d'apprendre de l'autre. Enfin, rendez-vous disponible pour répondre aux demandes d'information et de soutien.

Quand tout sera terminé, n'oubliez pas de récompenser la performance.

Bien briefés, bien suivis, vos collaborateurs pourront travailler efficacement… et vous serez moins dérangé.

1, 2, 3 : priorisez

Benjamin est développeur informatique dans un groupe de distribution. Il est prévu une réunion demain avec un état d'avancement sur un gros projet, qu'il doit préparer ; le responsable marketing le talonne pour avoir son avis sur la faisabilité d'un projet (coûts, délais) ; la nourrice de son fils l'appelle en catastrophe car l'enfant a 39 ° de fièvre et sa femme est en déplacement en province ; enfin, la responsable des ressources humaines le tanne pour qu'il renvoie les papiers de mutuelle qu'il a perdus (la date limite est aujourd'hui). Et pour couronner le tout, il vient de se rappeler que demain, c'est aussi l'anniversaire de sa femme et qu'il n'a ni cadeau, ni réservation au restaurant.

Benjamin est donc à cran lorsque son manager pose un épais dossier sur son bureau : « Voici la description d'un nouveau logiciel dans lequel nous pensons investir, pourrais-tu regarder cela et me donner ton avis demain ? »

Vous avez plusieurs tâches à demander à l'un de vos collaborateurs ? Dans ce cas-là, aidez-le : fixez avec lui un ordre de priorité. Car quand tout est urgent, plus rien ne l'est. Soyez réaliste dans les délais que vous lui donnez ; vérifiez avec lui qu'il a bien les moyens (de temps, de matériel) pour réaliser l'objectif. Enfin, si d'aventure vous lui demandez, par la suite, d'effectuer d'autres tâches plus urgentes ou importantes... tenez-en compte pour reculer le délai des objectifs que vous lui aviez fixés précédemment, parlez-en avec lui au moment même où vous lui confiez la nouvelle tâche : « Si je te demande de faire ce travail en plus, cela va te prendre combien de temps ? Quel est le délai supplémentaire dont tu auras besoin pour réaliser tes objectifs antérieurs ? »

Vous ne pouvez pas tout savoir

« Vous auriez dû me prévenir... », dites-vous souvent à vos collaborateurs quand ils vous annoncent une catastrophe ou, tout simplement, vous rendent compte d'un rendez-vous *après coup*. Ce reproche, généralement, n'est pas pertinent. Vous n'êtes pas Shiva, ni Big brother, ni un échangeur autoroutier : toutes les informations ne peuvent pas passer par vous. Vous ne pouvez pas être tenu au courant de tout ce qui se passe dans votre service. Et tant mieux, car votre capacité d'attention, d'analyse et d'action est limitée – comme celle de tout être humain.

Apprenez à faire confiance, lâchez prise, favorisez les initiatives, même celles qui ne vous incluent pas (eh oui, cela peut être vexant que vos collaborateurs organisent des soirées où vous n'êtes pas invité, et c'est une bonne chose pour la cohésion du service… le type d'événement pour lequel le chef n'est pas forcément souhaité !).

« Les cimetières sont remplis de gens irremplaçables. »

Alphonse Allais

Et vous ?

En toute honnêteté, dans les 15 jours qui viennent de s'écouler, quels sont les événements, réunions, dossiers, auxquels vous avez pris part alors que vous auriez pu laisser faire vos collaborateurs ?

Lorsque vous vous absentez quelques jours (vacances, déplacement professionnel), comment votre bureau tourne-t-il ? Combien de fois fait-on appel à vous ? Combien de fois cherchez-vous à joindre vos collaborateurs « pour faire le point » ?

Remettez vos pratiques en cause

Vous voulez faire gagner du temps à vous et à vos collaborateurs ? Régulièrement, une fois par an par exemple, remettez en cause vos manières de faire. Retrouvez-vous au vert avec votre équipe et organisez un brainstorming sur le thème : « Comment pourrait-on faire différemment ? Comment améliorer l'organisation du service ? » Accueillez les idées et les suggestions sans peur : vous serez surpris de toutes les idées qui surgissent !

De même, lorsque votre service accueille un stagiaire ou un nouveau collaborateur, soyez particulièrement attentif à sa perception des choses : prenez du temps pour le sonder sur ce qu'il trouve intelligent ou aberrant dans votre façon de travailler. Faites-le parler des bonnes pratiques qu'il a pu observer dans ses expériences précédentes, et de la manière dont on pourrait les appliquer dans votre service. Un regard neuf, cela n'a pas de prix !

Enfin, méditez cet adage : +3 % de productivité, c'est difficile ; +15 % de productivité, c'est facile !

Rationalisez votre espace de travail

Loïc, qui a fondé une start-up, est un vrai technophile ; il est toujours équipé du matériel dernier cri, il a été l'un des premiers à posséder un agenda électronique, a épaté tout le monde en prenant des photos avec son téléphone... Malheureusement, cette assistance technique ne le dispense pas de mettre de l'ordre autour de lui : sur son bureau, dans ses fichiers d'ordinateur... Le voilà au téléphone avec un client au sujet d'une proposition commerciale ; Loïc ne la retrouve plus : « Mais où est-ce que j'ai pu la mettre ? »

Son bureau, vous l'aurez deviné, la femme de ménage l'évite soigneusement car il est impossible à dépoussiérer : un vrai capharnaüm !

Mais où ai-je mis cette proposition/cet article de journal/cette déclaration d'impôt/mon agenda... ? Que de temps perdu à chercher ces objets ou ces papiers importants ! Ranger, pour certains d'entre nous, est une activité très fastidieuse. Alors, nous nous abritons derrière des : « Je n'ai pas le temps... je m'y retrouve, dans mon bazar... »

S'y retrouve-t-on vraiment ? Ne perd-on pas chaque jour plusieurs minutes à rechercher un document, puis un autre, et ainsi de suite les minutes deviennent des heures ? Ne garde-t-on pas dans un coin de sa tête une petite angoisse au sujet de tel papier : « Dans quel tiroir je l'ai mis déjà, vais-je le retrouver ? » Angoisse légère mais pollution quand même ?

Quand les clients de Loïc viennent le voir dans ses locaux, certains froncent les sourcils. Le chantier sur son bureau provoque chez eux un zest de suspicion : « Si vous n'êtes pas capable de vous organiser dans l'espace, quelle est l'organisation dans votre tête ? »

De plus, même si *vous* vous y repérez, dans une entreprise le travail n'est pas censé appartenir à celui qui le produit. Que se passe-t-il si vous êtes malade, indisponible, et que personne ne s'y retrouve dans votre « organisation »... ?

**Les 5 S, un programme venu du Japon
pour améliorer l'efficacité du travail quotidien**

Les entreprises japonaises partent du principe que la qualité ne peut se réaliser dans des bureaux et des ateliers sales et encombrés, où les dossiers et les pièces sont posés en vrac. Elles ont mis au point une démarche de progrès répondant à l'objectif suivant : pouvoir marcher en chaussettes blanches dans les entreprises industrielles. Plus sérieusement, la démarche 5 S a pour but d'optimiser le temps, les coûts, les déplacements – 5 S pour cinq mots désignant chacun une étape dans cette démarche quotidienne d'amélioration de l'efficacité dans le travail :

1. *Seiri*, débarasser/éliminer. C'est-à-dire trier et ne garder que le strict nécessaire. Cette démarche vous conduit aussi à définir les objets et dossiers réellement utiles à l'efficacité de votre travail ;

2. *Seiton*, ranger. Il s'agit de ranger tout ce qui reste après élimination, et de placer les outils en fonction de leur utilisation : « Une place pour chaque chose et chaque chose à sa place », dirait-on en France ;

3. *Seiso*, nettoyer. Assurer le nettoyage des équipements, des outils et de l'ensemble du lieu de travail ; supprimer les sources de salissure ;

4. *Seiketsu*, standardiser. Il s'agit de définir des règles, des méthodes de travail, des normes, puis de les communiquer et de les rendre visibles à tous ;

5. *Shitsuke*, respecter/faire respecter/progresser. Pour faire vivre les quatre premiers S, il faut surveiller régulièrement l'application des règles, corriger les dérives et éventuellement redéfinir ce qui ne marche pas.

Voilà quelques conseils pratiques pour organiser votre espace de travail... sans que ce soit trop fastidieux !

Donnez-vous des temps de rangement

L'activité « rangement » est souvent dévalorisée. Quand vous racontez à votre femme : « Cet après-midi, j'ai rangé mon bureau », il n'est pas rare qu'elle vous réponde : « Ah bon, tu n'avais rien à faire ? »

Pourtant, ranger est toujours une activité utile, qui pour certains peut être détendante ; c'est le cas en fin de journée par exemple, lorsqu'on n'a plus envie de rester plongé dans du travail intellectuel. La structuration de l'espace est rassurante, et puis vous retrouvez des papiers et des affaires perdues, des choses que vous auriez dû traiter depuis longtemps... Bref, c'est aussi un travail, et si ranger vous détend, c'est parce que cette activité met en œuvre d'autres mécanismes que ceux que vous utilisez dans votre activité de la journée. Mais comme nous ne sommes pas tous sortis du même moule... si ranger ne vous détend pas, ce n'est pas une raison pour ne jamais le faire ! Contraignez-vous à prendre des rendez-vous pour ranger, des rendez-vous avec vous-même, que vous respecterez.

Une fois par semaine, tous les 15 jours ou au pire une fois par mois, fixez-vous des temps de rangement (une demie journée ou une journée entière). Mieux, pourquoi ne pas instaurer dans votre service une « journée rangement », à chaque changement de saison par exemple ? Ainsi vous vous entraînerez les uns les autres. Et le soir, gardez 5 minutes pour mettre de l'ordre dans votre bureau : vous n'en aurez que plus de plaisir à arriver le lendemain dans un lieu bien dégagé !

É-li-mi-nez

Dossiers et documents ont la maligne faculté de s'empiler jusqu'à remplir tout l'espace disponible. Et encore plus si votre bureau est immense : les papiers s'étaleront sur tout ce grand espace.

Souvent, nous avons peur de jeter un papier parce qu'il pourrait nous resservir. On ne sait jamais, c'est peut-être important... Pourtant, le rangement par le vide convient pour 90 % des documents qui atterrissent sur notre bureau. Vous pouvez vous débarrasser de toutes les données susceptibles d'être retrouvées par d'autres moyens : vous avez le fichier sur votre ordinateur, vous pouvez le retrouver sur Internet, dans un livre de votre bibliothèque... Il y a aussi des papiers qui, une fois lus, n'ont pas besoin d'être conservés. Régulièrement, purgez vos dossiers des documents périmés ou dont vous connaissez le contenu par cœur.

Branchez-vous « rangement »

Face à chaque objet ou papier qui passe entre vos mains, entraînez-vous à décider systématiquement de l'action à mettre en œuvre : transmettre, classer, jeter ou agir. C'est la paresse intellectuelle qui provoque l'encombrement d'un espace de travail !

« Faire une seule fois prend moins de temps que faire deux fois », aurait pu dire La Palice. Par exemple, si vous classez immédiatement un document après l'avoir lu, vous ne perdrez pas le temps de le relire quelques jours plus tard quand vous vous déciderez à le ranger, si vous l'avez laissé traîner sur votre bureau. Fixez-vous comme objectif de manipuler une seule fois vos documents.

Ayez autour de vous ce qui vous sert souvent

Livres, documents, dossiers et outils de travail sont à ranger selon leur fréquence d'utilisation. Votre espace de travail peut ainsi être organisé en trois zones :

- Ce que vous utilisez souvent – au moins une fois par semaine : placez ces outils ou documents à portée de main (sur une étagère près de votre bureau, dans un classeur posé verticalement sur votre bureau, ou une bannette... dans le tiroir en dessous de votre bureau) ;

- Ce que vous utilisez de façon variable – au moins une fois par mois : rangez-le sur une étagère proche de votre siège ;

- Ce que vous utilisez de façon épisodique : mettez-le dans une armoire... Et si vous n'y avez pas touché depuis un an, archivez ou jetez !

À vous de jouer

En fonction de ces principes, comment allez-vous réorganiser votre espace de travail ? Quels sont les documents et objets que vous utilisez souvent, irrégulièrement, rarement ?

Managez visuel

Installez devant vous un tableau sur lequel vous épinglerez tout ce qui est important pour vous : priorités, objectifs, indicateurs… En les notant, vous vous les remémorez et réappropriez une première fois ; les avoir sous les yeux toute la journée est une bonne façon de ne pas les oublier et de les réaliser. Plus souvent vous verrez ce qui est important, plus vos actions iront dans ce sens.

Ne laissez pas « moisir » ce tableau : il ne vaut que s'il est actualisé au gré de vos préoccupations du moment ! Un rythme d'actualisation hebdomadaire paraît raisonnable. Pourquoi ne pas faire le point chaque vendredi soir : ce qui a été fait, ce qui reste à faire, puis les nouveaux objectifs pour la semaine suivante ? Par exemple, si vous êtes responsable d'un service commercial, votre tableau des priorités pourrait être le suivant :

▶ Boucler le dossier d'appel d'offres ;

▶ Préparer la réunion de lancement du projet « Conquête » ;

▶ Établir et valider avec Paul le plan de suivi clients ;

▶ Prendre rendez-vous avec Jim, faire la liste de tous les arguments pour le convaincre d'investir dans le logiciel de gestion de base clients ;

▶ Prendre la décision concernant le dossier Y après en avoir parlé avec les responsables de filiales ;

▶ Finaliser la sélection du formateur de la force de vente ;

▶ Valider le plan de travail de l'équipe pour le mois à venir.

Le tableau des indicateurs pourrait ressembler à cela :

▶ Chiffre d'affaires réalisé dans la semaine ;

▶ Taux de marge ;

▶ Nombre de clients visités/appelés ;

▶ Nombre de propositions envoyées dont on attend la réponse ;

▶ Frais (déplacement, invitations clients)…

Et vous ?

Quels sont les indicateurs importants dans votre activité ? Quelles sont vos priorités pour la (les) semaine(s) à venir ?

Classement : un sujet, un endroit

Le plus souvent, un système de classement s'élabore de manière empirique : vous aviez un premier document à classer, pour lequel vous avez créé un dossier physique ou dans votre ordinateur. Pour les documents suivants, vous avez créé de nouveaux dossiers ou avez tenté de les faire rentrer dans les dossiers existants... dont le regroupement et la dénomination ne répondent peut-être plus à votre logique actuelle. Bref, très souvent, lorsque vous recherchez un document dans un dossier où il pourrait – devrait – être, vous ne le trouvez pas. C'est rageant, surtout si vous faites des efforts pour être ordonné !

Il serait sans doute utile de mettre régulièrement à plat votre système de classement, et de prendre le temps de définir un système logique *a posteriori*, quitte à tout ranger dans de nouvelles boîtes. Bien sûr, vous devrez y consacrer du temps, mais, un, vous en gagnerez les prochaines fois que vous chercherez un document et, deux, cette remise à plat vous remettra en mémoire certains documents oubliés et vous donnera l'occasion de jeter un certain nombre de dossiers inutiles.

Votre classement peut s'effectuer soit par interlocuteur : client, service..., soit par projet ou par activité. Si plusieurs documents archivés dans votre ordinateur portent le même nom, datez chacun de la manière suivante : année/mois/jour. Par exemple, pour la réunion du 10 avril 2006, cela donnerait « 060410 CR réunion hebdo ». Ainsi, dans votre ordinateur, à l'intérieur d'un dossier, les documents se classent automatiquement dans l'ordre chronologique.

Datez, qualifiez : soyez particulièrement attentif à la dénomination de vos dossiers et documents ; sur le même principe que pour les objets des e-mails, si vous êtes précis dans le titre d'un document, vous le retrouverez plus facilement. « Exemples divers », ou « Prospects », cela vous parle sur le moment, mais au bout de quelques semaines vous ne saurez plus de quoi il s'agit. Alors que « Argumentaire force de vente pour le produit Neutrovaseline », ou « Fichier de prospection sur la région Nord – mars 2006 », c'est plus clair. Et toujours plus exigeant à définir (car pour préciser, on a besoin de se creuser la tête et de sortir des actions automatiques).

Une fois votre système établi, pourquoi ne pas en établir une arborescence, afin de définir « dans tel dossier on trouvera tel type de document » ? Vous pourrez vous y référer en cas de panne de mémoire, et cette arborescence sera pratique pour vos collègues, collaborateurs ou chefs le jour où vous serez absent...

Sur votre bureau, tenez-vous en à l'essentiel

Prenez une feuille de papier, tracez un trait qui la coupe en deux dans le sens de la longueur. Puis constituez deux listes : d'un côté, la liste des objets de votre bureau qui ont trait à votre travail ; de l'autre, les objets qui n'ont rien à voir avec votre activité professionnelle.

Que remarquez-vous ?

Hormis quelques objets du type « pastilles pour la gorge, photo du petit dernier, verre d'eau », votre bureau ne gagnerait-il pas à être débarrassé de tout ce qui n'est pas lié à votre activité professionnelle ? Espace encombré, distractions, voilà des choses qu'il ne sera pas inutile de vous épargner.

Apprenez à dire « non »

Alice est infirmière dans le service réanimation d'un grand hôpital. « Tu peux me donner un coup de main ? » est une phrase qu'elle entend à longueur de journée et à laquelle elle répond toujours « oui ». Elle dépanne donc sa copine aide-soignante, elle aide le docteur, elle assume les nuits de garde les plus pénibles... Pendant l'été, elle va arroser les plantes de ses voisins et garde deux chats. « Quelle jeune femme serviable ! », s'accorde à dire tout son entourage. L'autre face de la médaille est moins rose : Alice a peu d'amis « désintéressés », son fiancé s'est lassé de la voir si peu disponible pour lui et l'a quittée. Mais le pire, pour elle, c'est qu'elle a parfois l'impression d'être exploitée.

Marc, lui, dit « non » à tout. Surtout quand c'est son patron qui le lui demande. Il est 18 heures, son manager passe une tête par la porte, un grand sourire aux lèvres : « Dis donc, Marc, tu m'as dit l'autre jour que tu te sentais sous-employé... Une mission costaude vient de nous être confiée et j'aimerais que tu t'en charges. Le seul truc, c'est que c'est pour la semaine prochaine, donc tu vas devoir mettre entre parenthèses tes autres dossiers pendant quelques jours. » Au fond de lui, Marc sait que cette mission est une belle opportunité, un cadeau de son patron qui ne se représentera pas s'il refuse. Alors pourquoi s'entend-il répondre : « Ah non, tu exagères, tu fixes des priorités et tu me demandes d'en changer du jour au lendemain ! » Assez décontenancé, le manager tourne les talons et va proposer la mission au collègue de Marc.

Dire non, c'est très difficile... et encore moins à bon escient... et encore moins gentiment ! Lorsque nous refusons d'accéder à une demande, nous avons tendance à nous sentir coupable et nous répondons d'un ton hargneux, comme si l'autre était coupable de nous faire cette demande incongrue ! Le quotidien est pourtant tissé de nombreuses sollicitations : « Tu as 2 minutes ? J'aurais besoin de toi sur tel dossier », pour lesquelles il nous incombe de trancher très vite ; et bien sûr, il n'est pas matériellement possible de dire oui à tout. Nous serions complètement débordés, et nos propres objectifs alors ! Il ne s'agit pas pour autant de nous murer dans notre tour d'ivoire : sinon nous risquons d'y rester plus longtemps que prévu, quand elle se sera transformée en placard.

Accepter ou refuser à bon escient, c'est un peu marcher sur une corde raide : dire oui tout le temps nous expose à coup sûr au risque de nous faire voler nos priorités (qui ne sont pas forcément du seul domaine professionnel) ; dire non trop souvent, ou refuser brutalement, nous expose à celui qu'on ne fasse plus jamais appel à nous.

Julien est très investi dans son métier de banquier. Il a des horaires extensifs, en contrepartie de quoi il gagne très bien sa vie. Un soir, il rentre chez lui un peu plus tôt que d'habitude et son bébé n'est pas encore endormi. Soudain, tout excité, il court vers sa femme :

« Tu as vu, le bébé parle !

— Mais mon chéri, cela fait une semaine... »

Et Julien qui ne s'en était pas rendu compte... ! Cette découverte est un électrochoc pour lui ; il décide de passer plus de temps avec sa famille et de poser des limites à sa vie professionnelle.

Et vous ?

Quel est votre rapport au « non » ? À qui avez-vous du mal à refuser lorsqu'on vous sollicite ? Quel type de demande avez-vous du mal à refuser ? Jusqu'à quel niveau de pression êtes-vous capable de résister ?

Lorsque vous obtempérez à une demande « pas prévue », à quoi dites-vous non ?

Voilà quelques idées pour dire « non » à bon escient.

> *« Que votre oui soit oui et votre non, non, afin que vous ne tom-*
> *biez pas sous le jugement. »*

Saint Jacques

Ne répondez pas sous la pression

La personne qui vous demande du réconfort ou un service aimerait que vous puissiez lui répondre dans la minute. Parfois, vous n'avez pas le choix, c'est maintenant qu'il faut être disponible. Mais, bien souvent, ce qui vous est demandé souffre un délai de réflexion. Alors, prenez-le : les pulsions instinctives nous induisent fréquemment en erreur. Votre interlocuteur peut très bien entendre : « Je te réponds dans 5 minutes/une heure/demain. »

Écoutez la demande puis posez des questions à votre interlocuteur : « Concrètement, qu'attends-tu de moi ? Quels sont les délais, quelle est la charge de travail ? Suis-je la personne la mieux qualifiée pour faire ce que tu me demandes ? » Puis examinez la situation du bout de votre lorgnette : quels sont les enjeux pour l'autre, pour vous ? Quelles sont les conséquences si vous acceptez, si vous refusez ?

Votre « oui » ou votre « non » prendra plus de poids et sera mieux accepté si vous prenez le temps de le peser.

Faites entrer la demande dans vos contraintes

C'est vous qui décidez ! Plutôt que de vous soumettre à une pression (pression de l'autre, pression intérieure), négociez en fonction de ce que vous êtes prêt à faire et de vos propres engagements : les délais, la charge de travail, la manière de faire... Vous pouvez accepter une partie de la demande et refuser le reste... Ainsi, vous vous appropriez le service qui vous est demandé, la charge devient plus réaliste et donc réalisable.

L'important, au-delà du service qui vous est demandé, est la relation que vous entretenez avec le demandeur. Si vous acceptez, il faut tenir votre engagement, sans pour autant sacrifier votre confort ni vous sentir floué par votre interlocuteur.

Ne vous justifiez pas

Que vous refusiez ou que vous acceptiez la demande… vos raisons n'intéressent pas votre interlocuteur ; elles auront même plutôt tendance à l'agacer : « OK, il refuse, mais pourquoi il me raconte sa vie… ? » Concentrez-vous sur son problème à lui : « Cela te va si je le fais plutôt pour telle date ? »

Votre refus ne peut pas davantage être « un non sec » : proposez toujours, dans la mesure du possible, une solution de rechange. Ainsi la personne ne reste pas seule avec son problème sur les bras : « Écoute, ça ne rentre pas dans mes cordes, mais pourquoi ne pas demander à mon collègue dont c'est le domaine ? »

Un non est rarement catastrophique, il y a toujours une autre solution ! Le tout, pour le demandeur, est de savoir à quoi s'en tenir.

Restez ferme

Une fois votre décision prise et pesée, tenez-vous y. Et si vous avez refusé, même si votre interlocuteur insiste, maintenez votre non.

À l'inverse lorsque vous vous engagez, respectez votre engagement. Si votre oui n'est pas suivi d'effets, la personne qui vous a demandé de l'aide peut avoir un vrai problème car elle comptait sur vous et a perdu le temps où elle aurait pu trouver une autre solution.

Rappelez-vous les avantages de dire non

Vous n'en êtes pas encore revenu d'avoir réussi à refuser ? Vous culpabilisez ? Voilà quelques arguments que vous pouvez vous répéter pour assumer votre décision :

▶ Vous vous respectez, vous-même et vos engagements antérieurs ;
▶ Vous évitez de vous mettre dans une situation stressante et inconfortable ;
▶ Vous clarifiez la situation ;
▶ Vous donnez plus de force à vos « oui » futurs.

Lorsque vous aurez prononcé plusieurs « non constructifs », vous vous sentirez beaucoup plus libre vis-à-vis de vos interlocuteurs. Vous serez heureux de leur rendre service lorsque vous aurez dit « oui » dans des conditions également bonnes pour vous !

© Groupe Eyrolles

Optimisez vos déplacements

Les moyens de communication nous facilitent tellement la vie que nous n'aurions presque plus besoin de nous déplacer : et hop, un document envoyé par e-mail, hop, un coup de téléphone pour renouer le contact… ! Pourtant, la convivialité d'une rencontre et d'un moment passé ensemble (que ce soit pour une première prise de contact ou pour entretenir une relation) est irremplaçable. On le voit bien dans les équipes managées à distance, qui se réunissent physiquement une fois par mois. Pourquoi ces retrouvailles en chair et en os ? Eh bien, tout d'abord parce que chaque réunion accroît la pression : c'est moins facile de dire en face à quelqu'un « je n'ai pas tenu mes objectifs » que de l'écrire dans un e-mail ; chaque rencontre « met du corps » dans les relations professionnelles.

On ne peut pas faire l'économie de l'énergie échangée entre deux personnes, de la tasse de café partagée, des informations glanées…

Les échanges renforcent l'esprit d'équipe et la motivation.

Se rendre sur place reste la meilleure manière de voir comment se passent les choses : ainsi, avant de signer un contrat avec un fournisseur, de nombreux clients leur rendent visite dans leurs locaux ; et les patrons dont l'entreprise est répartie sur plusieurs sites font régulièrement la tournée des établissements. C'est le concept du *gemba kaizen*, cette technique de management à la japonaise où le patron fait son tour d'usine tous les matins, comme s'il se promenait, en regardant tranquillement autour de lui, en haut, en bas, ce qui marche bien, ce qui pourrait clocher. Son pas lent indique aux collaborateurs qu'il est réceptif à leurs idées et leurs doléances. Sa prise de décision est facilitée par ce tour matinal, qui lui donne certainement autant d'informations que les tableaux d'indicateurs financiers.

La question qu'on se pose, au regard du coût et du temps engendrés par un déplacement, c'est : quand est-il nécessaire de se déplacer ? Et une fois la décision prise, comment préparer au mieux son voyage ?

Ce voyage est-il nécessaire ?

Arnaud est formateur et l'un de ses principaux clients est un groupe dont les établissements sont disséminés sur plusieurs sites. Pour mettre au point une intervention, il a plusieurs interlocuteurs situés un peu partout en France. Ils ne peuvent donc pas se réunir à tout bout de champ ! En fait, ils ont décidé de se voir physiquement au tout début du processus, pour définir le champ de l'intervention et se mettre d'accord sur « qui fait quoi », puis au moment du lancement de la formation. Le reste du temps, ils s'échangent documents et réflexions par e-mail, se téléphonent lorsque l'un a un problème, ou prennent des rendez-vous deux à deux.

Avant de décider un déplacement, avec tout le coût en temps, argent et fatigue qu'il implique, pesez le pour et le contre. Quels sont les objectifs de ce déplacement ? Une conférence téléphonique ne pourrait-elle pas le remplacer avantageusement ? Êtes-vous la personne la plus qualifiée pour vous rendre sur place ?

Une fois que votre décision est prise, essayez de regrouper vos voyages : organisez vos rendez-vous sur une même journée ou deux dans la semaine, par exemple. Vous serez ainsi en mode « nomade », prêt à partir et à repartir (la valise faite pour la semaine, l'ordinateur emballé, etc.).

Préparez vos déplacements

Sylvie vit à Lille et conçoit les dessins de tissus d'habillage. Une partie de ses clients est dans la région Nord, mais elle se rend régulièrement à Paris pour rencontrer les stylistes des entreprises de confection. Un jour, elle arrive à l'un de ses rendez-vous pris de longue date. Son interlocutrice la reçoit en coup de vent : « Écoutez, j'avais complètement oublié que vous veniez ; là maintenant, j'ai une urgence, pouvez-vous revenir la semaine prochaine ? Prenez rendez-vous avec mon assistante ! » Sylvie est soufflée. L'aller-retour Paris–Lille, son temps, tout cela ne compte pour rien aux yeux de cette femme ? Mais l'interlocutrice a oublié que Sylvie vient de loin. Quant à notre héroïne, elle n'a pas pris la peine de téléphoner la veille pour confirmer son rendez-vous.

Une fois que vous serez « en vadrouille », vous aurez moins de facilité pour communiquer, rechercher des informations, recevoir fax et mails : il vaut donc mieux border au maximum votre déplacement avant de partir :

▶ Faites-vous communiquer l'adresse exacte de votre interlocuteur et demandez un plan d'accès ; quel moyen de transport est le mieux adapté (transports en commun, voiture, train, avion, taxi ?) ;

▶ Si vous voyagez dans une ville ou une région inconnue de vous, investissez dans un guide touristique : son coût est faible par rapport au coût du voyage, et l'achat en sera vite amorti. Ainsi vous pourrez peut-être trouver une adresse sympathique pour coucher ou prendre un repas, et vous saurez vers quel endroit diriger vos pas si vous avez un moment de libre. Ce sera toujours plus agréable que de regarder la télé dans votre chambre à l'hôtel de la gare ! De plus, le guide vous renseignera sur quelques données clés de la région (gastronomie, histoire, personnages et monuments marquants)… qui vous permettront de montrer à vos hôtes l'intérêt que vous portez à leur région. Nous sommes tous très fiers lorsqu'une personne « qui vient d'ailleurs » s'intéresse à notre région ;

▶ Pensez à confirmer vos rendez-vous la veille pour le lendemain, vous éviterez ainsi de vous déplacer pour rien… ce n'est pas si rare, surtout quand les rendez-vous ont été pris longtemps à l'avance. Et si vous êtes en prospection commerciale, il n'est pas impossible que votre interlocuteur vous ait tout bonnement zappé pour un rendez-vous qu'il juge plus prioritaire… C'est rageant, mais autant le savoir *avant* de vous déplacer. Lors de votre appel de confirmation, validez avec votre contact les heures de début et de fin de votre entretien, ainsi que l'ordre du jour ;

▶ Enfin, la veille de votre départ, prenez le temps de vérifier que vous avez toutes les informations et les documents dont vous avez besoin (on se rend trop souvent compte à la dernière minute qu'on n'a pas imprimé une synthèse importante, et du coup on part en retard ; ou bien, une fois parti, on ne trouve pas dans son attaché-case le plan d'accès, et pour cause, il est resté sur l'imprimante !) ;

▶ Emportez avec vous et gardez à portée de main toutes les coordonnées de votre interlocuteur ; en cas d'imprévu ou de retard, vous serez bien content de les avoir.

▶ Et si vos déplacements sont fréquents, pourquoi ne pas investir dans un GPS qui, à bord de votre véhicule, vous guidera tout au long du trajet et jusqu'au pied de l'immeuble où vous avez rendez-vous ?

Comptez avec les imprévus, acceptez les temps morts

Qui dit déplacement dit imprévu ! Grève, embouteillage, intempérie, mauvais calcul du temps de trajet, ou tout bêtement tours et détours dans une banlieue inconnue... Prévoyez toujours une marge de sécurité dans l'estimation des durées.

Qui dit marge... dit possible temps mort. Et un temps mort, c'est un temps à vous, que vous avez la possibilité d'utiliser à votre guise : pas si fréquent dans une vie trépidante ! Profitez d'être hors de votre cadre habituel pour réfléchir à des sujets qui vous tiennent à cœur et sur lesquels vous n'avez pas toujours le temps de vous arrêter ; c'est aussi le moment idéal pour lire la presse, des romans, écouter un CD... En vue de ce temps libre, prévoyez d'emmener les documents que vous aimerez avoir avec vous.

Avant d'aller plus loin

Vous l'aurez compris, les mots d'ordre pour optimiser votre temps sont : prévoir, aller à l'essentiel.

Demandez à vos collaborateurs de toujours commencer un mail, un coup de téléphone, un rapport, une présentation, et même une conversation, par ce qui leur semble important ; et appliquez-vous ce principe à vous-même !

Chapitre 8

Connaissez votre relation au temps

« Les ordinateurs sont inutiles, ils ne donnent que des réponses. »

Pablo Picasso

En commençant à mettre en pratique quelques-unes des idées du chapitre précédent, vous avez sans doute remarqué que certaines sont plus faciles à appliquer que d'autres. Par exemple, rédiger un mail percutant ne vous pose plus de difficultés, en revanche vous n'arrivez toujours pas à mettre des barrières contre l'envahissement de vos collaborateurs... Pourquoi ces freins, alors que nous savons pertinemment ce qu'il faudrait faire ?

Ce qui nous rend si vulnérable « aux attaques » de certains voleurs de temps externes, ne serait-ce pas... nos voleurs de temps internes ? C'est-à-dire des réflexes « plus forts que nous », qui nous sont dictés par une petite voix irrésistible. Ces petites voix sont avant tout des forces : ce sont elles qui nous ont poussés et permis d'accomplir tout ce que nous avons accompli jusqu'ici. Mais comme toute force, elles peuvent se retourner contre nous.

Ainsi, l'enfer peut nous venir de nos propres modes de fonction-nement : nous avons déjà beaucoup de travail, et une petite voix plus forte que la raison nous pousse à accepter une tâche supplémentaire ; nous avons relu la proposition plusieurs fois, l'avons soumise à l'approbation de nos collaborateurs, pourtant l'obsession du détail nous pousse à la relire une dernière fois...

Dis-moi comment tu gères ton temps et je te dirai qui tu es

Pour vous aider à identifier vos voleurs de temps intérieurs, nous vous proposons de répondre à ces quelques questions. Pour chacune, entourez le numéro de la réponse qui vous convient le mieux. Passez rapidement d'une question à la suivante : c'est votre premier mouvement qui est le bon !

	Presque toujours	Souvent	Quelquefois	Rarement
1. Pour prendre une décision, j'ai besoin d'un maximum d'informations :	4	3	2	1
2. Je considère que pleurer est une faiblesse :	4	3	2	1
3. Je suis énervé lorsque les autres n'avancent pas assez vite :	4	3	2	1
4. Je me sens obligé de rendre service :	4	3	2	1
5. Je fais beaucoup d'efforts pour atteindre mes objectifs :	4	3	2	1
6. Je remarque facilement mes erreurs et celles des autres :	4	3	2	1
7. Dans la vie, il vaut mieux ne compter que sur soi, voilà ce que je pense :	4	3	2	1
8. J'ai besoin d'une certaine pression pour « donner le maximum » :	4	3	2	1
9. Je propose mon aide même quand on ne me la demande pas :	4	3	2	1
10. J'ai la conviction que les efforts fournis sont plus importants que le résultat :	4	3	2	1
11. Je suis exigeant envers moi-même et les autres :	4	3	2	1
12. Je dis souvent à mes collaborateurs « il n'y a pas de quoi se lamenter, secouez-vous » :	4	3	2	1

	Presque toujours	Souvent	Quelquefois	Rarement
13. Je travaille bien dans la précipitation de dernière minute :	4	3	2	1
14. J'aime m'assurer que ceux qui travaillent avec moi sont satisfaits de moi et du travail accompli :	4	3	2	1
15. Je m'aperçois que j'ai tendance à compliquer les choses plutôt que d'aller à l'essentiel :	4	3	2	1
16. Tant qu'une tâche ne me semble pas parfaite, je cherche à l'améliorer :	4	3	2	1
17. J'ai tendance à accepter toujours plus de responsabilités :	4	3	2	1
18. Lorsque je m'impatiente, j'ai tendance à pianoter des doigts ou des pieds… :	4	3	2	1
19. Il me semble qu'une tâche n'a de valeur que si quelqu'un l'approuve :	4	3	2	1
20. J'ai tendance à fournir beaucoup d'efforts pour un résultat médiocre :	4	3	2	1
21. Il m'arrive de dire « cela n'est pas tout à fait exact, voici une autre proposition » :	4	3	2	1
22. J'ai du mal à demander de l'aide :	4	3	2	1
23. J'aime faire plusieurs choses à la fois :	4	3	2	1
24. J'attends que mon interlocuteur ait fini de parler avant de prendre la parole :	4	3	2	1
25. Je dis « au moins, j'aurai essayé » (ou des phrases de ce type) :	4	3	2	1

Reportez dans la grille le score obtenu pour chaque question ; puis faites le total de chaque ligne et inscrivez-le dans la colonne de droite.

Votre tendance la plus forte (l'injonction que vous vous faites le plus souvent), vous l'aurez deviné, est celle pour laquelle vous avez le plus de points.

Message contraignant						Total
« Sois parfait(e) »	1 =	6=	11=	16=	21=	
« Sois fort(e) »	2 =	7=	12=	17=	22=	
« Dépêche-toi »	3 =	8=	13=	18=	23=	
« Fais plaisir »	4 =	9=	14=	19=	24=	
« Fais un effort »	5 =	10=	15=	20=	25=	

Vous avez identifié vos deux ou trois principales injonctions : nous vous proposons d'en explorer les arcanes, en vue d'utiliser au mieux vos forces et d'en réduire les contreparties négatives.

Que nous disent nos *drivers* ?

Depuis notre plus tendre enfance, nous recevons des injonctions de la part de nos parents, de notre famille, de l'école, de l'église… :

- « Dépêche-toi, tu vas être en retard. »
- « Travaille si tu veux réussir. »
- « L'avenir est à ceux qui se lèvent tôt. »
- « Fais plaisir à ta maman. »
- « Ne te mêle pas des affaires des autres. »
- « Vas-y, encore un effort. »
- « Tu peux encore mieux faire… »

Nous les avons tellement entendues tous les jours, ces phrases, déclinées sur tous les tons et en de nombreuses circonstances, qu'à force de répétitions et de punitions… nous nous les sommes appropriées ! Nous les avons intériorisées et elles nous conditionnent, « à l'insu de notre plein gré ». La voix de nos parents, nous l'avons reprise à notre compte ; les contraintes qu'ils nous imposaient, nous nous les imposons à nous-mêmes.

Un des grands aspects du travail de Taibi Kahler, spécialiste de l'analyse transactionnelle et du Process Communication Management, est d'avoir identifié et regroupé ces injonctions en cinq grandes catégories appelées *drivers*. En français, on traduirait ce mot par *messages contraignants*.

Nous vous proposons d'examiner à présent la manière dont ces messages structurent notre relation au temps. Comment retrouver plus de choix et de liberté ?

Sois parfait : le perfectionniste

Laurent est écrivain ; il relit ses manuscrits 10 ou 15 fois avant de les envoyer à son éditeur (et 200 pages, on ne les relit pas en 10 minutes). Pour lui, quel déchirement de remettre « son bébé » ! Une fois le document envoyé à l'imprimeur, il est pris de bouffées d'anxiété : « Pourvu que je n'aie rien oublié », et le voilà qui se met à harceler l'éditeur, le correcteur, le maquettiste, le responsable des relations presse ; il exige un droit de regard sur chaque aspect du travail d'édition et de promotion, demande des changements de dernière minute... Ses exigences ralentissent le processus et énervent tout le monde. Et quand le livre enfin imprimé arrive entre les mains de Laurent, croyez-vous qu'il se réjouisse ? Pas du tout. Au contraire, il remarque les coquilles et cela le met hors de lui.

Vous l'aurez compris, Laurent est *le* perfectionniste. Il veut faire les choses parfaitement, sinon cela ne vaut pas la peine de commencer un travail. Et du mal, il s'en donne ! Ainsi qu'à tous ceux qui ont affaire à lui : collaborateurs, patrons, fournisseurs, collègues. Bien sûr, il travaille beaucoup plus que les autres, mais est-ce qu'on lui en demande autant ? Ne consacre-t-il pas trop d'énergie à faire, refaire, défaire et rerefaire ? Oui, ce sont souvent des détails qui clochent ; ce sont eux qu'il traque et qui l'angoissent. Mais à vouloir tout gérer avec le même niveau d'exigence élevé, le perfectionniste ne dégage plus les priorités...

Concrètement, c'est lui qui écrit des e-mails fleuves (il veut être bien sûr de mentionner *toutes* les informations... à quoi cela sert si ses interlocuteurs ne lisent pas ses mails ?), c'est aussi lui qui passe du temps au téléphone pour préciser ou se faire préciser les choses.

Être parfait lui donne l'illusion de maîtriser les situations, de ne pas être pris en défaut et de ne pas être critiqué. Et cela lui permet aussi de ne pas respecter les délais !

Comment « rééduquer » un perfectionniste ?

Si vous êtes perfectionniste…

- Travaillez sur les priorités. Parmi toutes les tâches que vous vous assignez, qu'on vous assigne ou que vous distribuez aux autres, distinguez celles qui sont essentielles de celles qui sont accessoires ;
- Donnez-vous un temps limité pour accomplir les choses. Si vous n'avez qu'une demi-journée pour rédiger une proposition ou relire un dossier, faites tenir la tâche dans ce laps de temps ;
- En règle générale, fixez des limites à votre exigence. Combien de relectures ? Par combien de personnes au maximum ? Quel budget allouez-vous à cette tâche… ? La perfection n'est pas de ce monde, tandis que les délais, l'exigence de rentabilité, la lassitude de vos collaborateurs sont des réalités bien concrètes ;
- Donnez-vous des critères de réussite réalistes et mesurables. Par exemple, si vous rédigez un courrier administratif, fixez-vous les critères suivants : « Zéro faute d'orthographe ; tous les renseignements utiles ; pas plus de 2 pages… » Et tenez-y vous ;
- Si l'exigence de perfection vient de votre client, ou de votre patron, faites-lui préciser ses critères de satisfaction pour ce travail. Négociez avec lui s'ils vous paraissent exagérés ; dans le cas contraire, faites en sorte de vous y conformer. Par exemple, si vous fournissez des prestations événementielles, votre client est-il très à cheval sur un budget précis ou avez-vous une marge ? Si oui, laquelle ? Pour la proposition commerciale, le client souhaite-t-il une ébauche avec une fourchette de prix, ou un projet très détaillé ?
- En bon « futur ex-perfectionniste », vous ne modérerez pas votre niveau d'exigence du jour au lendemain. Autorisez-vous à ne pas devenir « moins parfait » d'un seul coup !

Dépêche-toi : le pressé

« La griserie de l'action l'emporte sur le temps de la réflexion. »

Si on ne savait pas que Martin est auditeur interne, on penserait qu'il est casca-deur. C'est toujours lui qui envoie des mails lapidaires, voire franchement cavaliers ; lui qui harcèle ses interlocuteurs au téléphone pour obtenir *sur-le-champ* l'information recherchée ; lui qui interrompt ses collaborateurs sans se soucier de ce qu'ils faisaient. Ne travaillant que sous une pression forte, étu-diant, il avait besoin d'échéances pour se mettre au travail et aujourd'hui il n'a pas changé. Ses rapports, il commence à les rédiger la veille pour le lendemain : « Si c'est pour hier, cela va, si c'est pour dans 3 mois… j'ai tout mon temps. » Prendre des marges, ce n'est pas son truc : il a besoin de pres-sion, et la meilleure manière qu'il a trouvée est de se mettre en danger. Tant pis pour les autres qui sont dans le même bateau que lui et qui n'ont pas le même caractère !

Lorsque l'un de ses interlocuteurs s'avise d'ébaucher un « ras-le-bol », Martin est intarissable sur le nombre d'expériences où marcher sur la corde raide lui a réussi. Il n'a aucun souvenir de tout le stress que cette philosophie de la dernière limite a généré pour les autres… et pour lui.

Une personne dont l'injonction intérieure est « dépêche-toi » mène en permanence une course contre la montre. Elle a besoin de la pression du temps pour fonctionner et se sentir exister… ne peut vivre sans le diktat de l'urgence. Alors, elle fait les choses à la der-nière minute… tente de caser le maximum d'activités dans un temps imparti… ou encore, fait plusieurs choses à la fois… ou prend un engagement de trop. L'intendance n'a qu'à suivre : sitôt initié, c'est comme si le projet était déjà réalisé : « Y a qu'à, faut qu'on, passons à l'étape suivante. » Usant pour son entourage ? Oui, mais c'est si bon de vivre à cent à l'heure !

Comment ralentir un pressé ?

Si vous vous êtes reconnu dans le portrait ci-dessus...

- Anticipez et planifiez davantage le travail à effectuer ;
- Fixez-vous des marges (même petites) ;
- Priorisez les activités (quand tout est urgent et important... alors plus rien ne l'est vraiment !) ;
- Ménagez-vous des pauses, soufflez, autorisez-vous un peu de *farniente*... Si vous ne le faites par pour vous, faites-le pour les autres ;
- Écoutez les SOS et les ras-le-bol de l'entourage ; ne pliez pas tout le monde à votre rythme, tout le temps ;
- Vous avez une énergie supérieure à la moyenne... Vous pouvez donc abattre plus de travail que les autres. Mais acceptez parfois de le faire seul, sans spectateurs ni « balayeurs de pots cassés » ;
- Réfléchissez sur les risques que vous faites courir aux autres, à ceux que vous prenez pour vous-même : jusqu'à quel point êtes-vous prêt à les assumer ?

Sois fort : le travaillomane

Raphaël est un bourreau de travail. Son agenda déborde de rendez-vous et de tâches à accomplir, qu'il honore méthodiquement, sans perdre une minute en atermoiements ou en ronds de jambe. Il ne compte ni ses heures ni son implication et recherche les objectifs les plus difficiles. Tout le monde peut compter sur lui... et ne s'en prive pas ; mais lui ne compte que sur lui-même. C'est sa manière de montrer qu'il « assume » !

Le hic, c'est qu'en portant tout seul les responsabilités qui devraient être partagées, il dépossède les personnes de son entourage de leur esprit d'initiative. « Ce sont des incapables », a-t-il tendance à penser. Il se sent indispensable, et il est très utile et efficace, c'est vrai... Mais il ne fait pas grandir ceux qui l'entoure, voire prive l'entreprise des talents de ses collaborateurs.

Et le jour où une grippe l'a cloué au lit, son service était complètement désorganisé. Personne ne savait comment travailler sans lui.

Raphaël est un homme qu'on pourrait qualifier de « travaillomane[1] ». Grand amateur de challenges, il a le sens de la mission et est persuadé que personne ne pourrait accomplir ce qu'il fait. Il sait valoriser ce qu'il apporte, soit en argent, soit en position. Ses collaborateurs proches sont frustrés, son chef se méfie de lui : qui peut exister auprès d'un homme pareil ?

Sa volonté de toujours tout dominer (lui-même, la situation, les autres) le pousse à ne pas montrer ce qu'il ressent. Les tensions s'accumulent sans qu'il s'en rende compte... et attention au jour où il va craquer : l'entreprise sera alors très fragilisée !

Pour mettre un peu d'huile dans les rouages du travaillomane...

- Si vous êtes travaillomane, comment pourriez-vous vous reposer un peu plus sur les autres, sans que ce soit pour autant un aveu de faiblesse de votre part... ?
- Quelles tâches accepteriez-vous de déléguer ? À qui pourriez-vous demander de l'aide, des conseils ? Dans quel domaine ?
- Quelle est la dernière fois où vous vous êtes arrêté pour prendre un week-end, des vacances ? Ou, même, avez fait une pause à l'heure du déjeuner ?
- À qui pouvez-vous, de temps en temps, exprimer ce que vous ressentez : vos doutes – « est-ce que je fais bien ? » –, vos craintes – « vais-je y arriver ? » –, votre fatigue peut-être... ?

Fais plaisir : le gentil

Yolande est boulangère ; toutes les grands-mères du quartier font un détour pour venir lui acheter du pain car elle a toujours une oreille attentive, une idée pour faciliter la vie des gens. Dans sa famille, elle supplierait presque ses enfants de

---

1. Ce mot est la traduction de l'anglais *workaholic*.

la laisser leur rendre service ! Sa maison est un vrai hall de gare, pleine d'animaux recueillis, de neveux ou « d'amis » qui habitent chez elle « en attendant ». Et lorsqu'elle se rend chez ses enfants ou chez des amis, elle emporte toujours un cadeau : cela fait souvent plaisir, mais au bout d'un moment les gens lui disent : « Il ne fallait pas, c'est trop ! »

D'ailleurs, Yolande constate que les « mercis » ne viennent pas toujours en retour de ses efforts. Tout le monde trouve normal ce qu'elle fait : « Au fond c'est à elle qu'elle fait plaisir… »

Yolande, c'est la gentille, la trop gentille. Elle se laisse envahir, accepte beaucoup de la part des autres, travaille pour les objectifs de tout le monde et rarement pour les siens. À force d'écouter et de faire siens les problèmes de tous, elle risque d'exploser comme une cocotte-minute : « J'en ai assez de m'occuper de tout le monde et pas de moi ! »

Le gentil a en permanence le sentiment de ne pas avoir rendu assez service. Très relationnel, il veut se faire aimer par tout le monde. À dire oui à toutes les sollicitations, il est surchargé de travail et souvent en retard. Le gentil se morigène : « Je n'aurais pas dû accepter… Je m'occupe mal de lui… » À trop se préoccuper des autres, il recule les décisions pour lui-même et laisse souvent les situations se détériorer. De leur côté, les personnes de l'entourage du « gentil » apprécient au départ ses attentions, mais au bout d'un moment ils se sentent étouffés, culpabilisés car ils ne peuvent pas donner autant ! Leurs désirs sont satisfaits avant même d'être exprimés. L'archétype du gentil, c'est la mère juive ou la *mama* italienne.

À trop vivre par et pour les autres, le gentil se sent responsable du bonheur des autres

© Groupe Eyrolles

Comment devenir « moins gentil ? »

Si vous pensez être un gentil, posez-vous les questions suivantes :

- Quels sont vos objectifs ? Oui, les vôtres !
- Travaillez votre capacité à exister en dehors des autres : pourquoi ne pas vous lancer dans une activité « juste pour vous », un loisir… où vous vous développez *vous* !
- Entraînez-vous à dire *non* : « Non, je ne peux pas maintenant. Non il n'y a plus de place chez moi. Non, j'ai trop de travail pour t'écouter maintenant… » Vos *Oui* n'en auront que plus de poids !
- Que voulez-vous apporter aux autres ? Comment cultivez-vous, ressourcez-vous votre richesse personnelle ?
- Et les autres, qu'attendent-ils de vous ? Quelle est la part, dans ce que vous leur donnez, de ce que vous faites pour eux et de ce que vous faites pour vous ? Quelle est la part de ce qu'ils désirent (et qui les aide réellement) et de ce qui les encombre ? Une fois cette prise de conscience effectuée, comment allez-vous modifier votre comportement ?
- Quelle reconnaissance attendez-vous de votre entourage pour l'aide que vous apportez ? Comment vous arrangez-vous pour obtenir cette reconnaissance ?

Fais un effort : le besogneux

Lucien prépare le concours pour passer en deuxième année de médecine. C'est la deuxième fois qu'il le prépare. Il désire plus que tout devenir médecin car c'est le métier de son père, qu'il admire énormément. De plus, ses frères et sa sœur (il est le dernier d'une fratrie de quatre) ont tous très bien réussi leurs études.

Lucien porte donc une grande pression sur ses épaules. D'autant plus forte que, depuis qu'il est petit, il a de moins bons résultats scolaires que ses aînés. Toujours, ses parents et ses professeurs lui serinaient : « Donne-toi du mal, fais un effort. » Et aujourd'hui, lorsqu'il essaye de se concentrer sur ses polycopiés, la petite voix continue à lui murmurer : « Fais un effort. » Il apprend tout par cœur, lit et relit chaque page, ne met pas le nez dehors... Même lorsqu'il est épuisé, il reste penché sur sa table jusqu'à ce qu'il ait fini le programme qu'il s'est assigné. Il a tellement peur de ne pas être à la hauteur ! Malheureusement, pour lui, la quantité de travail compte plus que l'efficacité.

Lucien appartient à la catégorie des « besogneux ». Il fonce tête baissée, sans méthode, et souvent se complique la vie pour un résultat décevant. Pour lui, travailler est une obligation d'y mettre les moyens, pas d'atteindre un résultat. Son entourage trouve très frustrant de le voir s'épuiser en vain !

Le besogneux se fait très peu confiance et s'acharner à la tâche le rassure... Il se sent victime des difficultés et obstacles qu'il rencontre : pour lui, la vie est difficile ; il aime qu'on le plaigne.

Comment rendre vos efforts plus efficaces ?

Si vous vous êtes reconnu dans le portrait ci-dessus...

- Lorsque vous entreprenez un travail, ayez le résultat en tête. Vous ne travaillez pas « pour travailler » mais bien pour atteindre un but. Quel est-il ?

- Testez une méthode : quels résultats voulez-vous obtenir ? Quel temps vous donnez-vous pour que ça aboutisse ? Si la méthode s'avère inefficace, changez-en sans tarder ;

- Fixez-vous des délais, avec un livrable au bout : « À 14 heures, je dois avoir lu et assimilé ces 10 pages. » Si vous avez décidé de faire une pause à 15 heures, maintenez la pause, même si vous n'avez pas terminé le travail prévu. *Idem*, si vous avez décidé d'arrêter la journée de travail à 20 heures, à l'heure dite *posez le stylo*. Demain, vous serez plus efficace ;

- Éventuellement rapprochez-vous d'un binôme au profil différent du vôtre (idéalement, orienté « résultats ») à qui vous apporterez votre persévérance et qui vous apportera son pragmatisme.

Avant d'aller plus loin

Maintenant que nous avons identifié les forces en présence à l'extérieur et à l'intérieur de nous, nos fameux voleurs de temps ; maintenant que nous avons quelques clés pour mieux travailler avec et parfois malgré eux, nous allons voir que le temps, lui aussi, est assujetti à des lois. La connaissance de ces lois nous sera très utile pour le maîtriser un peu mieux !

Chapitre 9

Découvrez les sept lois du temps

« Le temps ne s'incline pas devant nous, mais nous devant le temps. »

Proverbe russe

Pourquoi l'imprimante tombe-t-elle toujours en panne la veille de la présentation finale au client ? Pourquoi le temps manque-t-il toujours pour terminer les projets ? Pourquoi... Nous sommes soumis au temps... qui lui-même est soumis à des lois. Une loi, c'est-à-dire une configuration d'événements qui ont une forte probabilité de se réaliser : « Ça se passe comme cela. »

Ces lois ont été mises en évidence au fil des siècles, par des chercheurs qui souvent cherchaient... autre chose ! Les connaître nous permet d'apprivoiser le temps et d'adapter notre comportement et nos habitudes de manière à ne plus le subir. Retrouvons un rapport dynamique et choisi à notre temps !

La loi de Parkinson

« Le travail tend à se dilater jusqu'à remplir tout le temps disponible. »

Laetitia, après avoir mené tambour battant une carrière dans l'événementiel, décide de s'arrêter de travailler à la naissance de son troisième enfant. Elle pensait pouvoir se remettre sérieusement au chant choral... mais les soucis de la maison et le temps passé avec ses enfants occupent toute sa journée. Ces mêmes tâches qu'elle accomplissait le soir en s'organisant et en courant un peu, maintenant lui prennent tout son temps.

Cyril Northcote Parkinson, professeur et écrivain britannique, fut officier à l'état-major général pendant la Deuxième Guerre mondiale. En 1958, il publia une analyse sarcastique de la bureaucratie : il avait observé, durant la guerre, que l'on trouvait toujours des tâches pour les hommes dans l'armée anglaise, et que le fait de commander à beaucoup d'hommes était une source de prestige.

D'après sa loi, tout collaborateur a tendance à étaler sa masse de travail sur le temps mis à sa disposition : il peut toujours s'inventer des tâches pour remplir le temps de travail défini par des normes institutionnelles. Finalement, il se crée du travail !

Une fois « débordé » et même si c'est son propre comportement qui génère cette situation, ce collaborateur va alors demander du renfort et faire engager plus de personnel… « Il me faut plus de moyens ! », clame chaque chef de service, qui s'arrange pour justifier sa demande (on peut faire dire ce qu'on veut aux chiffres, n'est-ce pas ?). Ainsi, les moyens se développent par eux-mêmes sans que les résultats s'améliorent.

Le même constat vaut pour l'organisation personnelle de chacun. Une plus grande dépense de temps ou d'énergie ne garantit pas un meilleur résultat. Une tâche qui pourrait être accomplie en une heure, si on ne dispose que d'une heure, sera effectuée en deux heures parce que l'on s'accorde ce temps-là. Et c'est humain : vous arrive-t-il souvent de ne pas utiliser tout le délai dont vous disposez pour accomplir une tâche ? Vous rappelez-vous, à l'école ? Pour le devoir sur table, vous n'aviez pas d'autre solution que de plancher en 4 heures chrono : après, on vous « arrachait » la copie ! Tandis que pour le devoir à la maison, entre la pause goûter, les recherches dans votre cours, les coups de fil au copain (« Tu as trouvé la réponse à la question 4 ? »), le temps de travail s'étirait à l'infini.

Tout se passe comme si les individus et les groupes s'organisaient différemment en fonction du temps imparti. Le temps peut ainsi être comparé à un gaz, qui va prendre tout l'espace qu'on lui donne. Bref, on a intérêt à le borner !

Et vous ?

Qu'est-ce qui serait modifié dans votre organisation si vous deviez partir tous les jours à 16 heures ? Sur quoi feriez-vous l'impasse si votre hiérarchie divisait par deux les ressources de l'équipe (temps, budget, effectif…) ?

© Groupe Eyrolles

Faites vos jeux...
en tenant compte de la loi de Parkinson

- Dès que c'est possible, donnez-vous une durée pour effectuer un travail : « Je le fais en tant de temps. » Fixez-vous des échéances, des dates limites. Si vous fonctionnez mieux avec des contraintes extérieures, demandez à votre patron ou à votre client de vous imposer ces *deadlines* ;

- Avant de commencer chaque entretien, demandez à votre interlocuteur : « De combien de temps disposez-vous ? », et, le cas échéant, dites-lui à quelle heure vous devez avoir fini. *Idem* pour les réunions : prévoyez toujours une heure de début et une heure de fin. Dans les deux cas, ayez toujours un œil sur la montre pour savoir combien de temps il vous reste ;

- Avant de vous lancer dans une activité (ou de la confier à un collaborateur), demandez-vous s'il vaut mieux raisonner en fonction du temps nécessaire, ou en fonction du temps que vous avez la possibilité d'allouer à cette activité. Certaines tâches pourraient en effet prendre un temps infini ! Et il faut bien les limiter, leur allouer un « budget temps » ;

- Attention à une mauvaise application de la loi de Parkinson, qui serait de planifier un maximum de tâches sur le temps le plus court possible. Certains managers, croyant bien faire, fixent des délais très tendus à leurs équipes, ce qui crée de la démotivation.

« Le temps se peuple, aussi mécaniquement que le vide attire le plein. »

Marie Darrieussecq

La loi de Pareto

« L'essentiel prend 20 % du temps, l'accessoire 80 %. »

Caroline est responsable grands comptes pour une entreprise de télécommunications. Elle a été promue il y a 6 mois, auparavant elle était en charge des PME... Mais elle n'a pas pu se délester d'un client « petit compte », Monsieur Lefèvre, qui affirme ne vouloir travailler qu'avec elle. Et ce Monsieur Lefèvre, qui représente 1 % du chiffre d'affaires dont elle est responsable, l'appelle un jour sur deux, exige des factures détaillées et un niveau de service digne des clients les plus importants ! Comment le faire revenir à des exigences plus en rapport avec le chiffre d'affaires généré... ?

Toutes les tâches que nous accomplissons ne sont pas toutes au même niveau de rentabilité pour l'entreprise... ni d'intérêt pour nous. L'économiste italien Vilfredo Pareto a été le premier à constater, au XIXe siècle, que 20 % de la population italienne possédait 80 % des richesses.

Dans les années 1940, le professeur Joseph Juran, précurseur du *Total Quality Management*, a formalisé le principe des 20/80 : 20 % des causes provoquent 80 % des effets.

Ce principe pouvait s'appliquer à la plupart des situations, devenant ainsi une loi statistique :

- 20 % des clients génèrent 80 % du chiffre d'affaires (et 20 % des commerciaux apportent 80 % du CA) ;
- 20 % des mails ou notes reçus donnent 80 % de l'information utile ;
- et... bien entendu, appliqué à la gestion du temps, 20 % de notre travail donnent 80 % de nos résultats.

Cette loi permet de dégager le noyau stratégique fondamental d'une activité. Si vous voulez être efficace, identifiez puis concentrez-vous sur les 20 % de vos activités qui génèrent 80 % de vos résultats. Le revers de cette loi : si on veut atteindre 100 % de ses objectifs, après avoir déjà atteint les premiers 80 %, il faudra consacrer un investissement bien plus important pour couvrir les 20 % manquants ! C'est ce qu'expérimentent les perfectionnistes qui passent le plus clair de leur temps à peaufiner, vérifier, revérifier...

Un autre revers consiste à vivre cette loi à l'envers : et si les 80 % de notre travail ne fournissait que 20 % des résultats attendus ? Et cette journée passée à courir dans tous le sens, téléphoner, répondre aux e-mails, gérer les problèmes des autres… tant d'énergie dépensée pour quoi au juste ?

À vous de jouer

Vérifiez l'efficacité de vos méthodes sous le regard de Pareto :

Avez-vous l'impression que les résultats de votre travail sont proportionnels à l'énergie et au temps que vous lui consacrez ?

Classez vos activités par ordre décroissant, en termes d'importance et de rentabilité. Que constatez-vous ?

Comment répartissez-vous votre temps entre les activités stratégiques ou fondamentales et les activités moins importantes ? Quel est le rapport ?

Comment réaménager votre emploi du temps pour avoir davantage de temps à consacrer aux activités à forte valeur ajoutée ?

Lorsque vous écrivez la liste des choses à faire dans votre journée, distinguez celles qui sont essentielles et celles qui sont accessoires… Commencez par les premières !

La loi de Murphy

« Rien n'est aussi simple qu'il n'y paraît. »

Henri et Juliette ont craqué pour un appartement plein de charme mais qui nécessite de nombreux travaux avant d'être habité. Les papiers peints sont vétustes, des murs vont devoir être cassés pour optimiser la distribution des pièces, sans parler de l'électricité et de la plomberie à refaire intégralement. Henri et Juliette ont prévu deux mois de travaux… Or, le temps de lancer les devis et de sélectionner les artisans, au bout de deux mois les murs sont cassés, la plomberie initiée, tout est en chantier et rien n'est terminé. L'appartement n'est pas habitable, c'est le moins qu'on puisse dire ! Et le jeune couple qui a posé le préavis pour l'appartement qu'ils occupent… Où vont-ils habiter ? Et leurs meubles, où vont-ils les mettre ? Au milieu de ces gravats ?

Edward Murphy était ingénieur de l'US Air Force ; il étudiait les effets de l'accélération sur les pilotes. Pour mener ses expériences, il utilisait des accéléromètres qu'il accrochait sur le corps des pilotes. Un jour où quelqu'un installa les capteurs dans la mauvaise position, Murphy énonça cette loi : « Tout ce qui est susceptible de mal tourner tournera nécessairement mal. »

Cette loi a connu depuis de nombreuses reformulations... et des champs d'application infinis :

> C'est *toujours* quand il ne nous reste plus qu'une dernière page à photocopier que la photocopieuse arrive à court de papier ;

> Le coup de téléphone important que nous attendons depuis une semaine arrive *juste* pendant que nous sommes partis en pause-café... sans brancher la messagerie ;

> C'est *toujours* quand on doit emmener un client que la voiture refuse de démarrer...

Et vous ?

Dans votre vie professionnelle (ou personnelle), à quels moments la loi de Murphy s'applique-t-elle le « mieux » ?

Appliquée à la gestion du temps, la loi de Murphy devient : « Chaque chose prend plus de temps que prévu. » Dès que vous vous lancez dans une entreprise, surgissent les retards, les changements de programme, les lapins qu'on vous pose, les pannes et l'inévitable lenteur des finitions. Mieux vaut prévoir l'imprévisible que de le laisser bouleverser votre emploi du temps !

La loi de Murphy s'adapte à de nombreux cas de figure... mais la loi inverse, également. Avez-vous déjà fait l'expérience de corvées qui vous paraissaient presque insurmontables ? De ces petites choses comme des papiers administratifs à remplir et envoyer (ah la mauvaise humeur précédant la déclaration d'impôts !), un coup de fil à un ami dépressif, une réponse à un appel d'offres inhabituel... Moments retardés le plus possible – « Ça va être pénible ! » – qui ont fini par encombrer un espace considérable dans notre tête... voire nous causer des soucis si nous laissons trop de temps passer. Et quoi ? Finalement, le jour où nous nous décidons enfin à nous y mettre (pas trop le choix)... la corvée nous prend 5 minutes et ce n'est même pas si désagréable : « Si j'avais su, je l'aurais fait plus tôt ! »

À vous de jouer

Révisez l'efficacité de vos méthodes sous le regard de Murphy :

▶ Pour les tâches compliquées, ou lorsque l'emploi du temps s'annonce tendu, pourquoi ne pas, mentalement ou par écrit, prévoir tous les *scenarii* qui pourraient vous retarder ? Soyez exhaustif et envisagez : le voisin garé devant votre parking alors que vous êtes déjà en retard pour un entretien d'embauche… Votre enfant malade le jour où vous partez pour le Japon (et votre mère mystérieusement injoignable)… Quels imprévus pourraient arriver ? Comment allez-vous faire face ?

N.B. : en général ce n'est jamais ceux qu'on a imaginés qui surgissent ; mais préparé « au pire », votre état d'esprit est ouvert, souple, bref plus apte à réagir de manière adéquate en cas de pépin ;

▶ Une manière de lutter contre la panique liée aux imprévus consiste à prendre des marges. Une tâche risque de prendre plus de temps que ce qui était envisagé ? « Budgétez-le ». Plus d'argent ? Constituez une caisse de secours. La baby-sitter, la photocopieuse, la voiture… vous lâchent ? Quels sont vos plans B ? Planifier du temps pour les imprévus, c'est déjà les anticiper !

La loi d'Illich

> « Au-delà d'un certain seuil, l'efficacité humaine décroît,
> voire devient négative. »

18 h 30. Matthieu planche sur le budget de son service depuis ce matin ; il l'a presque terminé mais en revérifiant ses lignes et ses colonnes, histoire que tous les totaux tombent bien, il se rend compte que certains chiffres ne collent pas. Il refait les sommes, vérifie les chiffres qu'il a entrés… Ce sont les bons pourtant ! Alors, d'où vient-elle cette erreur ?

19 heures. Zut, il est temps de rentrer à la maison prendre la relève de la nounou. C'est ennuyeux de partir sans avoir trouvé où cela pèche… Et d'un autre côté, cela fait neuf heures qu'il a le nez sur ce tableau, à quoi bon s'entêter ?

4 heures du matin. Matthieu se réveille en sursaut. La voilà la cause du délit : il a remplacé certains zéros par des « o » !

Ivan Illich est connu pour ses travaux en matière d'éducation. Mais il a aussi été le premier à remarquer que la loi des rendements décroissants identifiée par Turgot et les économistes classiques s'applique aussi à l'activité humaine : « *En doublant la quantité de travail agricole, on ne double pas la quantité de blé produite. Plus on s'approche d'une certaine limite, plus il faut ajouter de travail pour obtenir toujours moins de blé supplémentaire. Au-delà, on entre dans la zone dite des rendements décroissants.* »[1]

Illich fait l'analogie avec l'organisation du travail humain, quel qu'il soit : au-delà d'un certain quota d'heures travaillées, il devient improductif, voire contre-productif. Au-delà de ce quota d'heures, on doit passer à autre chose... voire s'arrêter complètement de travailler (faire une pause, se détendre...).

Et vous ?

En fonction des responsabilités et des tâches liées à votre poste, au bout de combien de temps vous sentez-vous devenir improductif ?

Faites ce calcul pour vos différentes activités : le seuil de résistance n'est pas forcément le même lorsque vous êtes en réunion, ou devant votre ordinateur !

Un autre point important est de prendre conscience de la manière dont évolue notre énergie au cours de la journée. La plupart d'entre nous disposons de peu d'énergie au réveil, puis elle s'accroît dans la matinée pour atteindre un niveau optimal vers 9-10 heures, vague d'énergie qui nous porte pendant deux heures. Passé ce délai, l'énergie diminue : c'est le fameux « coup de pompe » de 11 heures ! Beaucoup connaissent aussi un second coup de pompe après le déjeuner ; une fois ce ralentissement surmonté, nous disposons d'une dose d'énergie nouvelle vers 15 heures.

Et vous ?

Quelles sont vos périodes de forte énergie dans la journée ? Comment utilisez-vous ces moments « privilégiés » ? Parvenez-vous à réserver pour ces moments les tâches qui requièrent le plus de concentration et d'investissement ? Et à reléguer les activités de routine pendant les périodes de moindre énergie ?

Quand vous « décrochez », comment rechargez-vous vos batteries ?

---

1. A. R. J. TURGOT, *La formation et la distribution des richesses*, Flammarion, 1998.

Optimisez votre temps au regard de la loi d'Illich

- Au-delà d'un certain seuil horaire, à déterminer pour vous-même, forcez-vous à vous arrêter pour faire autre chose ;

- Ménagez-vous des pauses, prenez le temps de souffler. Acceptez de recharger vos batteries !

- Persévérez sans vous obstiner : quand vous n'y arrivez plus, décrochez. Soyez sans crainte, vous avez le dossier bien en tête… Votre inconscient continue le travail de réflexion et de recherche, et il le fera mieux une fois que vous aurez levé le nez de votre table. Pendant votre sommeil, pendant les transports ou une promenade, et même pendant que vous faites la vaisselle ou discutez avec votre conjoint, une case de votre cerveau continue à réfléchir… et travaille à résoudre le nœud. « La nuit porte conseil », c'est vrai ! ;

- Apprenez à repérer vos moments forts et réservez-les pour le travail de concentration.

La loi de Carlson

« Faire un travail en continu
prend moins de temps qu'en plusieurs fois. »

Dans les années cinquante, en Suède, le professeur Sune Carlson chronométra le travail quotidien des cadres pendant plusieurs mois. Il constata qu'ils ne travaillaient jamais plus de 20 minutes sans être interrompus… Des enquêtes récentes sont encore plus pessimistes : la majorité des séquences homogènes de travail des cadres durent moins de 15 minutes !

Les interruptions engendrent des pertes de temps, une dispersion et du stress : celui qui interrompt nous pose son singe sur l'épaule (et hop ! un problème en plus à gérer). Et une fois l'intrus envolé, nous avons la plus grande difficulté à reprendre notre travail : « Alors, où en étais-je ? » Nous avons besoin de nous reconcentrer et de nous resituer. Et ce n'est pas automatique. Finalement, une interruption de

10 minutes consomme donc les 10 minutes plus, au minimum, 2 à 3 minutes de remise en route. Un minimum d'interruptions pour un maximum de rendement !

Et vous ?

Quels sont les types d'interruptions les plus fréquentes que vous subissez ? Comment accueillez-vous les « interrupteurs » ? Combien de temps mettez-vous à vous « remettre » au travail ?

Distinguez les interruptions externes (téléphone, mails, visiteurs), des interruptions internes : celles que vous initiez vous-même de manière intempestive (pauses fréquentes, surf sur Internet, etc.).

Interrogez vos pratiques : interrompez-vous vos collaborateurs ? Vos collègues ? Votre patron ? Votre conjoint ? Qu'est-ce que cela vous apporte ?

Comment se soustraire aux interruptions ?

Lorsque vous effectuez un travail qui demande une concentration particulière, fermez les écoutilles : la porte de votre bureau tout d'abord (si vous êtes en *open-space*, mettez des boules Quiès !) ; branchez votre téléphone sur messagerie, fermez votre boîte aux mails. Quant aux irruptions inopinées, apprenez à « remballer » gentiment et fermement celui qui passe sa tête par la porte : « Pas maintenant s'il te plaît, puis-je venir te voir à 15 heures ? »

Les jours où vous souhaitez privilégier un travail en continu, arrangez-vous pour arriver une ou deux heures avant « le flot » des collaborateurs de l'entreprise (ou, partez une heure ou deux plus tard). Il est bien entendu que vous fixerez ces plages horaires en fonction de vos contraintes familiales, mais aussi de votre biorythme : êtes-vous plus efficace le matin ou le soir ?

Réservez certains moments de la journée à vos collaborateurs et annoncez-les clairement : ils viendront vous voir dans ces plages horaires !

Si, de votre côté, vous vous apprêtez à interrompre quelqu'un, avant de vous lever ou de décrocher votre téléphone, posez-

▶▶▶

▶▶▶

vous la question de l'opportunité, de l'utilité et de la cohérence de votre intervention. Avant d'aborder le sujet de votre appel ou de votre visite, demandez : « Je vous dérange ? » Dans l'affirmative, n'insistez pas et demandez-lui quand vous pourrez repasser.

La loi de l'Écclésiaste

Il y a un moment pour chaque chose sous les cieux

Il y a *un temps pour* naître et un temps pour mourir,

Un *temps pour* planter et un temps pour arracher ce qui a été planté,

Un *temps pour* tuer et un temps pour soigner,

Un *temps pour* démolir et un temps pour bâtir,

Un *temps pour* pleurer et un temps pour rire,

Un *temps pour* gémir et un temps pour danser,

Un *temps pour* jeter des pierres et un temps pour les ramasser,

Un *temps pour* embrasser et un temps pour se quitter,

Un *temps pour* chercher et un temps pour perdre,

Un *temps pour* garder et un temps pour jeter,

Un *temps pour* déchirer et un temps pour coudre,

Un *temps pour* parler et un temps pour se taire,

Un *temps pour* aimer et un temps pour haïr,

Un *temps pour* la guerre et un temps pour la paix.

Écclésiaste, chapitre 3

L'Écclésiaste est un texte biblique qui énonce la loi de l'alternance. Ce texte nous rappelle à l'ordre car, tous, nous avons parfois du mal à être concentrés sur ce que nous faisons… Au bureau comme à la maison, sans cesse, des pensées ou des personnes viennent nous plonger dans un autre temps que celui dans lequel nous sommes : la réunion à laquelle nous assistons se trouve concurrencée par des pensées qui n'ont rien à voir : « Faut pas que j'oublie de passer au pressing… » Idem, les téléphones ou les ordinateurs portables nous rendent joignable à tout moment. Les différents pans de notre vie s'envahissent mutuellement ; il n'y a plus de frontières ; nous n'avons jamais l'impression d'être là où nous devrions.

Cette incapacité à fixer des limites est peut-être révélatrice d'une forme d'immaturité : de plus en plus, nous avons du mal à reporter l'exécution de quelque chose qui nous passe par la tête ; à reporter la satisfaction d'une pulsion : « Je pense à toi et hop, je t'appelle. » Comment se concentrer sur la tâche du moment ? Comment la mener à bien de manière efficace pour pouvoir, ensuite, passer à autre chose ? Et comment se détendre ?

Le texte de l'Écclésiaste nous appelle à mieux partager notre temps, afin de vivre chaque moment plus intensément et de manière plus appropriée.

Et vous ?

Dans quelles circonstances avez-vous le sentiment d'être pleinement à ce que vous faites ?

À l'inverse, dans quelles circonstances vous sentez-vous écartelé entre les différents domaines de votre vie ?

Comment dire « non » aux sollicitations intérieures ou extérieures, quand ce n'est pas le moment ? Comment mieux vivre l'instant présent ?

Dans votre journée/semaine/mois/année, quels temps voulez-vous consacrer à vos différentes vies : où s'arrête le professionnel et où commence le privé ?

La loi de Fraisse

> « Le temps a une dimension objective et une dimension subjective qui est fonction de l'intérêt porté à l'activité. »

« Asseyez-vous une heure près d'une jolie fille, cela passe comme une minute. Asseyez-vous une minute sur un poêle brûlant, et cela passe comme une heure. C'est cela la relativité. »

Albert Einstein

Jean-Marc et Philippe sont programmeurs dans une société de services informatiques. Les jours où ils conçoivent de nouveaux programmes, ils se font régulièrement la réflexion : « C'est fou, on n'a pas vu le temps passer ! On n'a presque pas l'impression de travailler... » Le temps passe si vite qu'ils sortent du bureau très tard, au grand dam de leurs femmes. Les jours de réunion chez le client, en revanche, ils sont toujours rentrés chez eux à 18 heures : le temps s'étire tellement qu'ils font tout pour abréger la séance de travail !

Pourtant, ils ne peuvent pas faire l'économie de ces réunions.

Paul Fraisse, psychologue français spécialiste de la psychologie du temps, a énoncé non pas une, mais trois lois :

- Plus une activité est morcelée, plus elle paraît durer longtemps ;
- Plus une activité est intéressante, plus elle paraît brève ;
- Le temps d'une attente est toujours trop long.

Avez-vous remarqué que lorsque vous accomplissez une tâche qui vous déplaît ou vous ennuie, vous avez tendance à la faire traîner, la bâcler... ou la différer ? À l'inverse, n'accomplissez-vous pas en premier les activités qui vous plaisent le plus, quitte à étendre ce travail le plus longuement possible – même si cette tâche n'est pas la plus importante ?

Sous couvert d'une meilleure rentabilité – « Je fais ce travail avec des ailes » –, il serait tentant de ne plus réaliser que les tâches que nous préférons. Si nous sommes commerciaux, nous laisserions bien le reporting de côté ! « Mon boulot, c'est d'aller sur le terrain... » Et c'est vrai que notre valeur ajoutée se trouve du côté de la vente... Pourtant, nous sommes les seuls à avoir l'information clients dont la direction a besoin pour élaborer ses budgets.

Nous avons tous un métier qui, espérons-le, répond à nos aspirations et à nos qualités. Dans un monde idéal, la majeure partie de notre journée de travail devrait être consacrée à des activités que nous réalisons avec plaisir : qui nous motivent et pour lesquelles nous n'avons pas l'impression de travailler. Mais dans chaque fiche de poste, il y aura des activités que nous trouverons moins gratifiantes, dont nous ne pourrons pas faire l'économie : sinon c'est tout le fonctionnement de l'entreprise qui en pâtit.

Et vous ?

Comment faire en sorte pour que l'exécution des tâches pénibles devienne... moins pénible ?

▶ Parmi les responsabilités qui vous incombent, lesquelles effectuez-vous avec plaisir, presque sans vous en rendre compte... et lesquelles vous pèsent ?

▶ Les tâches plaisantes sont-elles stratégiques ou accessoires ? Méfiez-vous de la tendance très humaine qui nous pousse à faire d'abord ou plus longuement ce qui nous plaît, et non ce qui est le plus important ;

▶ Les tâches déplaisantes sont-elles stratégiques ou accessoires dans votre poste ? Ne vous serait-il pas possible de les déléguer ? De les automatiser ? De les regrouper dans votre emploi du temps pour en être débarrassé d'un coup ? Par exemple, dans votre mois, de planifier une journée « reporting » ? Comme cela, le reste du temps vous n'aurez plus besoin d'y penser ;

▶ Quel serait le coût (pour vous et votre entreprise) de vous débarrasser des activités qui vous déplaisent ?

▶ Récompensez-vous : lorsque vous faites une tâche peu gratifiante, arrangez-vous pour faire ensuite *deux* travaux motivants ;

▶ Et si on essayait de changer votre regard sur ces activités : que vous apportent-elles ? Que vous apprennent-elles ? Quels bénéfices secondaires pourriez-vous y trouver (ne serait-ce que « faire plaisir à votre patron ») ? Parfois, il faut bien chercher...

Avant d'aller plus loin

Les lois du temps ne sont pas immuables, et chacun d'entre nous a pu les toucher du doigt à un moment ou à un autre. Maintenant que nous les connaissons, nous allons essayer de les appliquer, concrètement, dans la gestion de notre agenda. Comment organiser et planifier nos journées, nos semaines ?

Chapitre 10

Concrètement,
comment gérer votre temps ?

« La seule chose que l'on puisse décider est quoi faire du temps qui nous est imparti. »

J. R. R. Tolkien

La gestion de notre temps est un doux mélange entre les lois qui lui sont propres et notre histoire personnelle. Une fois énoncées ces lois, une fois identifiés quelques-uns de nos freins à optimiser toutes les minutes de notre journée… il ne reste plus qu'à le faire. Et bien sûr, c'est le plus difficile.

Certains après-midi, Ludovic téléphone à sa femme depuis son bureau « Hou la-la, c'est laborieux aujourd'hui ! Je me traîne, aucun dossier n'avance, j'ai un tas de petits soucis à régler, c'est tout sauf motivant ! » D'autres soirs, en rentrant chez lui, il raconte sa journée avec entrain : « Aujourd'hui ça a marché comme sur des roulettes ! J'étais une vraie flèche, je me sentais efficace… »

Comment faire pour se dire plus souvent à la fin de la journée, « J'ai bien travaillé » ? L'objectif de ce chapitre est de vous proposer une boîte à outils qui vous guide, pas à pas, dans la gestion de votre temps. Afin de terminer le plus grand nombre de journées en étant content du travail accompli. Vous avez avancé sur vos priorités et mieux maîtrisé certaines plages de temps. Il a cessé de vous filer entre les doigts comme du sable…

Vos premiers outils : un papier et un stylo

Marie et ses to do list... Un matin sur deux, elle commence sa journée en écrivant la liste en vrac de tout ce qu'elle veut faire ce jour-là. « Vais-je arriver à réaliser toutes les lignes de ma liste ? », se demande-t-elle. Balayant ses doutes, elle attaque les tâches de la liste – en général, elle commence par ce qui lui plaît. Elle biffe les lignes au fur et à mesure. Parfois, le soir venu, elle peste contre elle-même : « Zut, il me reste le plus important que je n'ai même pas entamé ! » Mais la plupart du temps, elle est surprise, à la fin de la matinée, d'avoir sous les yeux un papier aux lignes entièrement barrées : sans s'en rendre compte, elle a abattu en quatre heures son travail prioritaire de la journée. « Ben alors, je fais quoi maintenant ? »

D'autres matins, elle a la flemme et zappe l'étape *to do list*. La journée qui suit est nettement plus erratique. Elle commence un travail, puis un autre, s'occupe de broutilles, sans trop savoir où elle va. Et le soir, en quittant son poste de travail, Marie a mauvaise conscience : « Zut, je n'ai rien fait de valable aujourd'hui. »

Pourquoi écrivons-nous si peu pour nous-même, dans le cadre professionnel ? « C'est casse-pieds... À quoi cela va me servir... ? On croule déjà sous la paperasse... ! » Les raisons ne manquent pas. Sur le moment, on fait confiance à sa mémoire. Et c'est une erreur, car notre cerveau n'est pas capable de se rappeler plus de sept idées sans support écrit. Or, vous l'aurez remarqué, dans une journée nous avons bien plus que sept tâches à accomplir !

Sept bonnes raisons pour prendre davantage de notes

1. **Pour ne plus avoir à y penser.** Lorsque vous notez l'idée ou la chose à faire, votre cerveau, « rassuré » (« c'est stocké quelque part ») est libéré et peut passer à autre chose ;

2. **Pour mieux dormir la nuit** et ne pas vous réveiller à 3 heures du matin en vous disant : « Demain il faut absolument que je fasse cela... mais j'ai peur de l'oublier ! »

3. **Pour accroître votre efficacité.** La mémoire est souvent fiable... mais pas à 100 % ; et surtout, elle est sélective. Or il y a des choses qu'on ne peut pas se permettre d'oublier !

▶▶▶

4. **Pour être au clair.** Une fois la situation fixée par écrit, on en a une autre représentation et on peut prendre du recul ;

5. **Pour mémoriser l'information.** Lorsqu'elle passe par votre main, elle arrive mieux au cerveau !

6. **Pour quantifier.** Noter les choses à faire permet de visualiser la quantité de travail ;

7. **Et la plus importante, noter c'est s'engager !** Si vous vous engagez par écrit, il y a bien plus de chances pour que le travail soit réalisé.

Écrire est notre mémoire de demain

Une fois persuadé de l'utilité de noter pour soi, il ne reste plus... qu'à le faire. Se pose alors la question de la forme et du support : comment noter ? Sur quoi noter afin de garder et réutiliser vos notes ? Un des moyens très prisés consiste à procéder sous forme de listes. Véritable matière première pour planifier le temps, elles répondent à la question : « Qu'y a-t-il à faire ? » Les listes sont très intelligentes : elles favorisent les associations d'idées, une ligne en entraînant une autre. Constituer une liste est comme procéder à un brainstorming pour soi !

Votre manière d'organiser les informations dépend, dans un premier lieu, de leur quantité : quelle masse d'informations devez-vous traiter ?

▶ Pour une vingtaine d'informations ou moins, vous pouvez utiliser une même liste : la fameuse *to do list*. Vous y noterez tout ce que vous prévoyez de faire sur une période donnée (journée, semaine, quinzaine, rarement plus) : les activités courantes. Écrivez-les en vrac, sans ordre de priorité : « Faire les courses... Appeler Julien... Transmettre le dossier à Isabelle... Rédiger le compte rendu de l'assemblée générale... Préparer la réunion hebdomadaire... »

▶ Si les informations sur un même thème sont nombreuses, vous avez plutôt intérêt à vous constituer des fiches thématiques. Par exemple :

- Une fiche intitulée « téléphoner à », sur laquelle vous notez les appels téléphoniques à réaliser, avec éventuellement les informations liées à l'appel : numéro de téléphone, rappeler à telle date, etc. ;
- Une fiche intitulée « projet X », qui recenserait toutes les idées d'améliorations et vos réflexions sur le sujet ;
- Une fiche intitulée « dire à » qui reprendrait toutes les informations à communiquer à l'un de vos interlocuteurs, les questions à lui poser… Ce type de fiche vous sert à préparer un entretien *de visu* ou téléphonique, voire un mail un peu « sioux » ou une proposition commerciale ;
- Une fiche réservée aux idées nouvelles, qui recenserait vos éclairs de génie, vos projets pour ce week-end, cet été ou quand vous serez à la retraite, et tout ce qui pourra être utile pour améliorer, innover… Dès que vous avez une idée, notez-la ! N'en censurez aucune : vous ferez le tri plus tard.

Vous pouvez créer autant de fiches que vous le souhaitez selon vos activités, vos impératifs et votre façon de réfléchir.

Ayez toujours de quoi noter sur vous…
surtout dans les circonstances les plus improbables
(métro, promenade, saut du lit…) et notez, notez, notez vos idées.
N'attendez pas : rien n'est plus volatile qu'une idée en l'air.

Où stocker vos écrits ?

- Regroupez vos notes dans un cahier que vous aurez toujours sous la main. C'est votre mémoire vive !

- À propos de cahier… Postez un cahier et un stylo au pied de votre lit. Pendant la nuit, une idée géniale peut vous tirer du sommeil : ne la laissez pas filer, notez-la. Vous vous rendormirez aussitôt. De même le matin au réveil, entraînez-vous à retranscrire un rêve ou une inspiration qui vous est venue pendant la nuit : go ! Vos idées de la nuit valent de l'or car elles viennent de votre inconscient ;

- Si vous préférez écrire d'abord sur des post-it, feuillets volants par excellence réservés à une action ponctuelle… pourquoi ne pas dater chacun de ces mini-feuillets et les col-

▶▶▶

ler, quand même, dans votre cahier ? Ainsi vous gardez la trace de ces journées trop vite égrenées ;

- Si stocker les informations sur un ordinateur vous met plus à l'aise, créez un répertoire « bloc-notes » et des dossiers thématiques : « to do », « objectifs », « idées », « citations », etc. Pour vous y retrouver plus facilement, n'oubliez pas d'indiquer la date dans l'intitulé du fichier ;

Exploitez votre *to do list*

Une fois en face du monceau de tâches qui nous attend… il existe un risque, celui de vouloir faire entrer touts ces travaux dans une seule journée. La plupart du temps, c'est impossible car il y en a bien trop ! On peut se sentir noyé. Comment affecter une activité à un créneau horaire d'une journée ?

L'idée est de qualifier chacune des tâches avec les paramètres qui vous semblent utiles : définition de la tâche, durée prévue, à faire pour… Voyons par exemple comment Emmanuel, directeur artistique dans une agence de publicité, transforme la *to do list* d'une semaine de travail – juste avant son départ en vacances – en tableau qualifié…

Emmanuel part en vacances vendredi soir. Le travail qu'il n'aura pas fait cette semaine, il le déléguera, le reportera à dans 3 semaines ou l'annulera.

Lundi matin, voilà à quoi ressemble sa *to do list* :

À faire – Emmanuel – semaine 33

- Passer prendre les billets d'avion à l'agence ;
- Confirmer chambre 1re nuit ;
- Briefer l'équipe sur le client Luminor ;
- Acheter maillot de bain et teeshirts ;
- Faire la note de frais trimestrielle ;
- Prendre rendez-vous avec le patron pour mon retour (sujet : évolution dans l'entreprise) ;
- Trouver quelqu'un pour arroser les plantes…

Parmi ces tâches, toutes devraient être réalisées… mais toutes ne sont pas prioritaires ; toutes ne nécessitent pas non plus que ce soit Emmanuel, spécifiquement, qui s'en charge.

Voilà comment Emmanuel transforme la liste en tableau qualifié :

Tâche	Date limite de réalisation	Durée prévue	Délégation possible ?	Action ?	Quand ?
Chercher billets à l'agence	La veille du départ (mais marge souhaitable)	1 heure	Oui	Envoyer l'assistante	D'ici 3 jours, selon ses dispos
Confirmer chambre 1re nuit	Aussi vite que possible	5 minutes	Oui (si la personne parle anglais)	Demander à l'assistante	Aujourd'hui
Point avec assistante	Aujourd'hui	10 minutes	Non	Passer la voir	Ce matin
Briefer équipe sur le client Luminor	Avant-veille du départ (pour pouvoir ensuite répondre aux questions)	1 heure	Non	Fixer la réunion	Mail d'invitation à envoyer aujourd'hui
Acheter maillot de bain et teeshirts	Veille du départ	Variable. minimum 1 heure	Non !	Réserver un déjeuner « courses »	Mardi midi (seul créneau libre)
Faire note de frais trimestrielle	Veille du départ (sinon on n'est pas remboursé)	1 heure	Non	Se réserver un moment	Jeudi à 18 heures
Prendre rendez-vous avec le patron pour mon retour	Aussi vite que possible, avant que son agenda ne se remplisse	5 minutes	Non	Envoyer mail de sollicitation	Tout de suite
Trouver quelqu'un pour arroser les plantes…	Avant le départ (marge souhaitable)	Entre 5 minutes et 3 heures	Non	Appeler les copains, aller voir les voisins.	Ce soir

Et voilà ! Emmanuel a réalisé son plan pour la semaine. Il sait où il va, et quand il doit faire telle ou telle chose. Il s'est aussi déchargé d'un certain nombre de tâches en les déléguant : mais il lui faudra ensuite assurer le suivi.

**Mode d'emploi :
comment faire entrer des listes dans un agenda ?**

Voilà quelques points de repère qui vous aideront à passer de la phase « génération d'idées » à la phase « organisation » :

- Regardez votre liste et demandez-vous : est-il réaliste de prévoir de faire tout ceci aujourd'hui/cette semaine ?

- Acceptez de ne pas forcément accomplir tout votre programme : certaines tâches souffriront très bien d'être reportées, déléguées... ou annulées ;

- Pour chaque tâche, posez-vous ces questions : quel est le problème, que veut-on faire ? Cette tâche est-elle accessoire et peut-elle être supprimée ? Dans ce travail, puis-je en déléguer une partie ? Qu'est-ce qui peut être reporté sans incidence sur mes objectifs ?

- Fixez les dates auxquelles ces activités doivent être réalisées, en vous ménageant une marge en cas de contretemps imprévu ;

- Décomposez les tâches complexes en sous-tâches : elles deviendront ainsi plus légères et faisables... et peut-être pourrez-vous déléguer certaines de ces « sous-tâches » ;

- Évaluez la durée de chaque activité : c'est peut-être le plus difficile. Rappelez-vous la loi de Murphy, toute chose prend plus de temps qu'il n'y paraît... Soit vous avez l'habitude et vous savez combien de temps il vous faut, sinon posez la question à des personnes qui ont l'expérience. Lorsque vous réalisez une tâche pour la première fois, pourquoi ne pas vous chronométrer ?

Triez vos actions par ordre de priorité

« Ce grand muet de temps nous vieillit en silence

Et des jours débridés précipite la danse. »

Ovide

À présent, les cases de votre emploi du temps sont bien remplies. Mais le sont-elles en fonction de ce qui est réellement important pour vous – vos priorités ? D'après le dictionnaire, une priorité est *« ce que l'on fait passer avant, qui passe en premier... »*

Un plan de travail sans priorité est comme un bateau sans gouvernail : on erre au gré du vent de nos envies et des contraintes extérieures. Et qu'il est difficile de savoir ce que nous devons faire passer en premier !

Nous vous proposons deux méthodes qui pourront vous aider à y voir plus clair dans l'ordre de vos priorités :

Hiérarchisez vos priorités !

Méthode « par élimination ». Devant votre *to do list* du jour, posez-vous la question : « Et si je ne devais accomplir que l'une de ces tâches d'ici ce soir, laquelle choisirais-je ? » En général, la réponse vient facilement. Et hop ! Donnez à cette tâche le numéro 1. Puis recommencez avec les activités qui restent... et ainsi de suite, jusqu'à obtenir vos cinq priorités du jour, par ordre décroissant.

À vous de jouer

En reprenant (ou après avoir constitué) votre *to do list*, organisez vos priorités par élimination.

Quelle tâche allez-vous réaliser en premier ?

Quel rang de priorité porte la tâche que vous auriez réalisée en premier si vous ne vous étiez pas astreint à ce travail de hiérarchisation ?

Hiérarchisez vos priorités (suite)

Méthode « urgent/important ». C'est celle qu'a utilisée le général Eisenhower lors du débarquement en Normandie. Comme son nom l'indique, elle consiste à classer les tâches à accomplir selon leur degré d'urgence et d'importance.

▶ ▶ ▶

▶▶▶

D'après la définition du Petit Larousse, l'**urgent** peut se définir comme quelque chose « *qui ne peut être différé, qu'il est néces-saire de faire tout de suite* », qui doit engendrer une action immédiate. Si elle n'est pas réalisée immédiatement, les consé-quences peuvent être pénibles, voire graves. Une tâche urgente, cependant, n'est pas nécessairement importante !

L'**important**, toujours d'après le Petit Larousse, c'est ce « *qui est considérable en valeur* », vital, impératif parce qu'ayant des répercussions lourdes. L'important, c'est ce dont la réalisation, proche ou lointaine, « importe » avant toute chose.

Dans la matrice suivante, vous allez qualifier les tâches de votre *to do list* en fonction de ce qui, pour vous, est urgent et/ou important :

- Soient A les tâches urgentes et importantes ;
- B les tâches non urgentes mais importantes ;
- C les tâches urgentes mais non importantes ;
- D les tâches non urgentes et non importantes.

	IMPORTANT	NON IMPORTANT
	A	**C**
URGENT	Crise Problèmes pressants	La plupart des voleurs de temps externes Beaucoup d'activités pour les autres
	B	**D**
NON URGENT	Préparation Prévention Planification Construire et nourrir la relation	La plupart des voleurs de temps externes

- Les tâches A sont à faire immédiatement ;
- Les tâches B sont à analyser, planifier et à programmer avant qu'elles ne deviennent urgentes ;
- Les tâches C doivent être déléguées, ou accomplies si on s'est occupé déjà des tâches de types A ou B ;
- Les tâches D sont à éliminer.

Vous remarquez que la priorité absolue sera donnée aux tâches importantes.

À vous de jouer

Constituez la *to do list* de votre semaine, puis sur une grille munie de ces quatre cases, triez les tâches en fonction de leur degré d'urgence et d'importance.

Dans quelle case se situe la tâche que vous vous apprêtiez à réaliser en premier ?

Attention à la drogue de l'urgence !

Nous avons du mal à le reconnaître… mais pour beaucoup d'entre nous, il est souvent plus motivant de travailler dans l'urgence. Ce « feu de l'action » donne un sentiment d'exaltation qui nous pousse à agir.

Pour certains managers, les bénéfices de l'urgence sont d'imposer des décisions ou demandes arbitraires : le fait du prince. « Arrêtez de faire ce que vous étiez en train de faire, le client veut une réponse im-mé-diate ! »

Comment ne pas se soumettre à une telle demande ? L'urgence s'impose d'elle-même. C'est bien pratique… mais cela marche combien de temps ?

Si on abuse du management par l'urgence, on risque d'user la résistance des collaborateurs les plus dévoués. Au bout d'un moment, tout le monde se rend compte que l'urgence est le prétexte invoqué par le patron pour avoir gain de cause. Bref, non seulement elle sera inefficace mais elle risque de générer un fort ressentiment. Personne n'est heureux de vivre sous le joug d'une pression inutile.

Et vous ?

Quels sont les avantages cachés de l'urgence ? Que vous procure-t-elle ?

À vous de jouer

Avant de vous engager dans la réalisation d'une tâche urgente ou qu'on vous a « vendue » comme telle, prenez un temps d'arrêt. Ne vous lancez pas dans l'action avant d'avoir répondu à ces questions :

- En quoi cette tâche est-elle urgente ?
- Qui a fixé cet impératif d'urgence ?
- Quel est le besoin réel du commanditaire ?
- Ai-je négocié un délai ?
- Si je n'effectue pas immédiatement la tâche, que peut-il arriver pour mon entreprise, pour moi, pour d'autres (hiérarchiques, clients…) ?

Seulement ensuite, si les réponses sont satisfaisantes, mettez-vous au travail.

Construisez votre plan de journée

Le plan de journée est le fil conducteur qui répond de manière précise à la question : « Comment ma journée va-t-elle se passer ? » C'est le déroulé point par point de la journée qui vient. Le plan de journée est un outil très précieux, qui vous aidera à :

- optimiser votre temps ;
- mieux dire non ;
- anticiper les imprévus ;
- vous concentrer sur les priorités ;
- Et surtout, il vous allège de la fatigue de décider en permanence de ce que vous allez faire une fois cette tâche terminée… Car si après chaque activité, vous vous demandez « Et maintenant, qu'est-ce que je fais ? », et si vous décalez tout le temps vos activités en fonction des urgences, c'est épuisant. Mieux vaut concevoir une fois pour toute la configuration de la journée.

Plan de journée du 5 janvier 2006 de Pierre, manager dans une entreprise industrielle :

8h30 – 9h30	Projet nouveau produit priorité 1
9h30 – 10h	Réponse client abc de Milan priorité 2
10h – 10h15	Pause-café avec l'équipe
10h15 – 11h	Téléphone / mail Téléphoner à Dupont priorité 3, DRH priorité 4 , Client yz à Lyon priorité 5
11h – 12 h	Réunion interservices au 3ᵉ étage
12h – 13 h	Gestion imprévus (sinon avancer sur projet certification)
13h – 14h	Pause déjeuner
14h – 15h	Rdv avec Michel finaliser le budget
15h - 15h30	Point sur suivi activité avec collaborateurs
15h30 – 16h30	Téléphone / Mail
16h30 – 17h30	Gestion imprévus (sinon avancer sur achat nouvelles machines)
17h30 – 18h	Rdv Georges préparer prochaine réunion
18h – 18h30	Préparer journée et semaine suivante
18h30	Départ

Comment construire un plan de journée ?

1. Sélectionnez les tâches prioritaires. Commencez la journée par les tâches urgentes et importantes, puis continuez avec les taches importantes et non urgentes. Au moins, ce sera fait ! N'en sélectionnez pas plus de trois ou quatre et veillez à ce qu'elles n'occupent pas plus que 40 à 60 % de votre temps ;

2. Reportez si besoin les temps bloqués (entretiens, réunions, conférences téléphoniques…) ;

▶▶▶

3. Gardez du temps pour les imprévus. L'astuce consiste à réserver des espaces « blancs » pour traiter tout ce qui pourrait survenir sans que vous l'ayez prévu. Au lieu de vous interrompre dans ce que vous êtes en train de faire pour vous occuper de l'imprévu, vous prévoyez de le traiter dans le créneau réservé. Ainsi, vous continuez votre activité avec l'esprit tranquille. Si même les imprévus sont prévus !

4. N'oubliez pas de positionner dans votre plan de journée les séquences téléphone, mail, courrier...

5. Selon votre rythme de concentration, alternez les activités par séquence d'une heure à une heure trente ; alternez également la nature des tâches : vous éviterez la lassitude et l'endormissement, qui sont les filles de la monotonie ;

6. N'oubliez pas de programmer quelques pauses...

7. En relisant l'ensemble, vous pourrez, comme les sportifs, vous projetez mentalement le film de votre journée. Est-elle jouable ? Où sont les risques de surchauffe ? Le matin et l'après-midi sont-ils équilibrés ? Avez-vous prévu des marges ? En cas de surchauffe, quelles sont les tâches que vous pouvez reporter à demain ?

8. Prévoyez en fin de journée, 15 minutes pour faire le point de votre journée et préparer la journée/semaine suivante.

Avec ce plan sous les yeux, en cours de journée vous aurez la satisfaction de voir votre travail avancer. Visualiser votre journée avant qu'elle ne s'écoule vous met dans la position du pilote qui a toujours son plan de vol devant les yeux. Ainsi, vous savez en permanence où vous allez, où vous en êtes et, si besoin est, vous pouvez prendre la décision de réajuster votre charge de travail. Cela ne vous met pas pour autant à l'abri des imprévus, rassurez-vous !

Si votre plan tient la route, vous n'avez plus qu'à réaliser votre journée...

Faites vivre l'ensemble

Si vous avez toujours devant vous votre plan de journée, votre agenda et vos *to do list*, vous courrez moins de risque de vous perdre loin de vos objectifs... et de perdre du temps.

De nouvelles tâches se présentent ? Enregistrez l'information en la notant, selon votre système, sur une fiche ou sur la liste idoine. Mais ne vous laissez pas interrompre. Si l'imprévu est urgent, casez-le dans un des blancs du plan de journée.

Idem lorsqu'une idée vous traverse la tête alors que vous êtes plongé dans un travail : vous pensez à une information à transmettre à un collaborateur ; vous avez une nouvelle idée pour le projet X ; vous devez demander un conseil à votre chef... *Stop*, ne vous interrompez pas, ou juste 30 secondes pour noter sur votre liste l'idée que vous venez d'avoir.

À vous de jouer

Chaque soir, essayez de prendre un quart d'heure pour dresser le bilan : « Qu'ai-je réalisé par rapport à ce que j'avais prévu ? » Préparez le plan du lendemain : cochez ce que vous avez effectivement réalisé et goûtez la satisfaction du travail achevé ; reportez ce qui n'a pas pu être fait et qui est toujours d'actualité ; examinez vos notes/fiches/cahier ; et planifiez votre journée de demain !

À la fin de chaque semaine, prenez le temps pour un bilan plus approfondi : où en êtes-vous de vos priorités ? Ont-elles changé ? Faites le diagnostic de l'utilisation de votre temps : que pouvez-vous encore améliorer ?

Conclusion

En lisant ces pages, vous venez de consacrer du temps au temps, de faire du temps, votre priorité.

Nous vous avons proposé des outils, des techniques, des méthodes, des conseils, des astuces dont les mots clés sont : *savoir dire non, prioriser, décider, anticiper, planifier...*

À vous, maintenant de les mettre en pratique, de les expérimenter, de les améliorer... De manière à créer votre propre système de gestion du temps, de passer d'un temps subi au temps choisi.

25 conseils pour faire du temps votre allié

1. **É-li-mi-nez** ! Triez, rangez, classez... au moins une fois par semaine. Cela vous évitera de passer des heures à chercher *le* papier/code secret/numéro de téléphone dont vous avez absolument besoin.

2. **Pffft** ! Le temps est comme un gaz, il prend tout l'espace qu'on lui donne. Prévoyez pour chaque activité une heure de début et de fin. Puis admirez la somme de travail que vous avez fait tenir en ce temps donné.

3. **Non** ! Entraînez-vous à dire non à certaines demandes, quand elles ne cadrent pas avec vos propres contraintes et objectifs. Ne dites pas forcément : « Non c'est impossible », mais plutôt : « Oui, je suis disponible tel jour, à telle heure ! »

4. **20/80.** Quelles sont les 20 % de vos activités qui génèrent 80 % de votre valeur ajoutée ? Identifiez-les et concentrez votre énergie sur ces activités : ce sont elles qui justifient votre job !

5. **Attention urgence** ! Quand tout est urgent, plus rien ne l'est. Avant de répondre à une prétendue urgence, demandez-vous : « Que se passera-t-il si je ne le fais pas dans la minute ? » Testez un délai.

6. **Marges.** Avez-vous remarqué comme une activité prend toujours plus de temps que prévu ? Dans votre emploi du temps, prévoyez toujours des marges de manœuvre. Vous vous épargnerez bien des moments de stress.

7. **Imprévus.** Ne remplissez pas votre planning à 100 % et laissez des plages de temps libres : elles vous permettront de traiter les demandes ou catastrophes imprévues. Mieux vaut planifier l'imprévisible que le laisser désorganiser votre emploi du temps.

8. **Notez.** Ayez toujours sous la main un carnet et notez ce qui vous passe par la tête : « Téléphoner à... Voir Untel... Dire ceci et cela... Écrire à... Faire... » Attention n'attendez pas, il faut noter l'idée dès qu'elle vous arrive ! Ainsi, vos idées ne s'envoleront plus. Relisez régulièrement le carnet.

9. *To do*. Votre liste des tâches est remplie, bravo ! Maintenant, hiérarchisez : quelles sont les cinq à sept priorités à réaliser dès demain ? Concentrez-vous sur ce que vous avez décidé de faire.

10. **Déléguez !** Faites régulièrement le point avec vos collaborateurs sur les activités que vous pouvez leur déléguer. Grâce à la délégation, vous allez pouvoir vous concentrer sur l'essentiel… et donner plus de pouvoir et de responsabilités à ceux qui vous entourent.

11. **Faites le point.** Chaque soir, prenez 10 minutes pour « relire » votre journée : rayez de votre liste les activités réalisées (quel plaisir, n'est-ce pas ?) et planifiez votre journée du lendemain.

12. **Concentration.** On gaspille beaucoup de temps par manque de concentration. Efforcez-vous de vous isoler complètement, ne serait-ce qu'une heure, lorsque vous réalisez un travail de fond. C'est fou comme la productivité augmente une fois qu'on s'est mis à l'abri des interruptions.

13. **Méfiez-vous des singes !** Refusez les discussions entre deux portes ; demandez à vos collaborateurs de venir vous voir avec des solutions plutôt que des problèmes.

14. **Préparez.** La préparation d'une activité vous garantit 80 % du résultat. Pour préparer vos entretiens et réunions, aidez-vous du TOP : quels sont le Thème, l'Objectif, le Plan de l'entretien ?

15. **Boussole.** Comme une boussole qui vous permet de vous orienter, ayez toujours devant vous vos objectifs et priorités de la journée, de la semaine, du mois, de l'année… Ils vont vous aider à décider et à dire oui ou non aux nombreuses sollicitations qui vous seront faites.

16. **Priorisez !** Donnez la priorité à vos priorités. Dès le début de la journée, réalisez votre première priorité, puis votre deuxième…

▶▶▶

17. **Sablier.** Prenez conscience du temps qui passe. Gérez votre temps comme une ressource rare. Ayez devant vous une montre pour savoir où vous en êtes. Aidé de cet instrument de mesure, vous pourrez prendre les décisions nécessaires : continuer, reporter, conclure…

18. **Action/réaction.** Ne répondez pas du tac au tac à un e-mail, une sollicitation, un reproche. Vous risquez d'amplifier le problème. Laissez-vous du temps pour digérer et réfléchir à la meilleure réponse possible… qui peut être le silence.

19. **J'ai rendez-vous avec moi !** Quelle est la dernière fois où vous avez fait le point avec vous-même ? Prévoyez des rendez-vous réguliers en tête-à-tête avec vous, pour revoir vos priorités, déterminer des actions d'amélioration, faire le point sur vos projets à long terme.

20. **Dispo.** Ne confondez pas être disponible et être à la disposition : protégez-vous des interruptions, travaillez déconnecté ! Ne laissez pas téléphone et e-mails vous interrompre toutes les 7 minutes, sinon adieu concentration et performance. Programmez dans votre journée deux à trois séquences téléphone et mail.

21. **Soyez monotâche !** Pour éviter de courir dans tous les sens (stress et dispersion garantis), n'accomplissez qu'une seule chose à la fois. C'est peut-être moins gratifiant que d'avoir l'air affairé, mais vos résultats s'en ressentiront positivement.

22. **Évaluez.** Guérissez de votre réunionite aiguë : la réunion que vous vous apprêtiez à lancer ne peut-elle pas être remplacée par un autre moyen moins coûteux en temps ?

23. **Minute papillon !** Malgré la facilité d'expédition et la proximité qu'il permet, l'e-mail peut être un piège si on l'envoie trop vite (colère, fautes d'orthographe, ton cavalier). Prenez le temps de relire chaque e-mail que vous écrivez, et au besoin, laissez-le reposer quelques heures avant d'appuyer sur la touche « Envoyer ».

24. **Programmez.** Je voudrais, j'ai envie, pourquoi pas… Vous voulez faire une chose ? Notez-la dans votre planning : tel jour, de telle heure à telle heure, c'est le premier pas de l'action. Le temps programmé chasse celui qui ne l'est pas.

▶▶▶

▶ ▶ ▶

25. **Un dernier pour la route, persévérez** ! Changer vos habitu-
     des et automatismes est essentiel pour mieux gérer votre
     temps. Il suffit de répéter une action pendant 20 jours con-
     sécutifs pour en faire une nouvelle habitude !

Bibliographie

Stephen Covey, *Priorité aux priorités*, First, 1995.

    Un livre « à l'américaine », très positif et pragmatique, nous exhortant en permanence : « Décidez vous-même de ce que vous voulez faire de votre vie. »

L. J. Seiwert, *Maîtriser votre temps*, Éditions d'Organisation, 2004.

    Un livre outil, une mine de conseils très concrets pour planifier sa journée et sa semaine !

Jean-Louis Servan Schreiber, *Le nouvel art du temps*, Le livre de poche, 2000.

    Le directeur de la revue *Psychologie* se positionne à mi-chemin entre les recettes pratiques et la dimension « existentielle ».

Bruno Jarrosson, *Briser la dictature du temps*, Maxima, 2004.

    Une réflexion philosophique sur la dimension du temps !

Pour finir

À l'aube de l'humanité, il y eut un temps où les hommes étaient aussi grands que les dieux. Ils pouvaient changer le cours des fleuves, provoquer des ouragans, déclencher les éclairs et la foudre : l'homme avait reçu la divinité en lui. Mais, par ignorance ou par jeu, il en abusa.

Aussi Ninhursag, la déesse mère, décida qu'il était trop dangereux de laisser à l'homme sa divinité. Un jour où l'homme était parti à la chasse à l'autre bout du monde, elle rassembla tous les dieux sur le sommet d'une montagne où ils tinrent conseil. Des quatre coins du ciel, s'y rendirent tous les dieux de l'ancien et du nouveau monde et ce fut comme la jeunesse de la Terre.

À cette époque, les dieux étaient encore nombreux, fougueux et parfois batailleurs. Alors, dans le tumulte, Ninhursag fit sonner sa conque pour imposer le silence : « Écoutez tous ! L'homme est un fou. Il va finir par tout détruire. Nous allons être obligés de lui cacher sa divinité. »

— Alors, cachons-la sous la terre, dans la nuit des montagnes, sous des replis de roc, proposa Erki, dieu du sol et du gouffre marin sur lequel repose la Terre.

— Cela ne suffit pas, fit Ninhursag, même sous sept replis de roc. Car l'homme, un jour, creusera la Terre comme un ver avide creuse le fruit. Et il finira bien par la retrouver. Il faut chercher plus loin, dans les abîmes au fond de l'univers.

— Alors cachons-la au fond de l'océan, reprit Erki, dans la nuit des fosses abyssales, sous sept fois sept replis d'eau !

— Cela ne suffit pas, fit Ninhursag, même sous soixante-dix-sept fois sept replis d'eau. Car l'homme, un jour, pareil à un poisson vorace, plongera dans les abîmes de l'océan et il finira par la retrouver. Il faut chercher plus loin, dans les abîmes au fond de l'univers.

— Alors cachons-la au bout du ciel, proposa Enlil, dieu de l'air, dans la nuit des galaxies, sous sept fois mille cieux, dans le cœur vibrant d'une étoile.

— Cela ne suffit pas encore, fit Ninhursag, même sous soixante-dix-sept fois sept mille cieux, car l'homme un jour, comme un oiseau migrateur assoiffé de connaissance repoussera les portes du ciel et, dans le dédale des étoiles, il la retrouvera !

— Écoutez-moi tous, dit An, dieu du ciel et des relations entre les puissances supérieures et l'homme, car j'ai trouvé un abîme, une cachette sans fond, un gouffre vertigineux, un lieu sublime, un endroit où jamais, jamais, il ne pensera à l'y chercher : nous allons le cacher à l'intérieur de lui-même. »

Depuis ce jour, l'homme sillonne la Terre, escalade les montagnes, plonge dans les abîmes de l'océan, s'élance dans les labyrinthes du ciel, pourfend les banquises, dépèce les forêts, vide les entrailles de la Terre… à la recherche d'un trésor qui est caché à l'intérieur de lui-même.

D'après *Le conte des sables*
de François Monnet et Olivier Milchberg, le Souffle d'or.

* 9 7 8 2 2 1 2 5 5 9 9 2 7 *